相手もよろこぶ　私もうれしい

オトナ女子の気くばり帳

sanctuary books

気の利いた手みやげをさらりと渡してくれる。
書類にかわいい一筆箋が添えられている。
めずらしい記念切手で手紙を出してくれる。
体調を気遣うメールをふと送ってくれる。
コーヒーが苦手なことを覚えてくれていて、紅茶を用意してくれる。

こんなふうに「うれしくなるあれこれ」って
誰にでもあるはず。

どれも絶対に必要なことではないし、
やらなくてもけして失礼にならない。
けれど、されるとなんだかうれしいこと。
思わず笑顔になって、キュンとする小さな工夫。
それがこの本で紹介する気くばり。

マナーどおり、ルールどおりに
正しいことを正しく行なうことも大切だけど
形式にとらわれ過ぎると、
なかなか相手との距離は縮まらないし、
かえって冷たい印象を招くこともある。
だからといって、
気を遣い過ぎてわざとらしくなるのも、なんだか白けるもの。

大切なのは
媚びずに、
無理せずに、
さりげなく、
誰にでもできる、ちょっとしたひと手間を積み重ねること。

それが相手も自分もうれしい気くばりです。

もくじ

3章 送る・贈るときの気くばり

4章 約束の気くばり

5章 お願いするときの気くばり

6章 断る・断られるときの気くばり

7章 おわび・トラブルの気くばり

8章 謙虚になる気くばり

9章 ポジティブになる気くばり

10章 おもてなしの気くばり

11章 装いの気くばり

オトナ女子のあなたへ贈る
気くばりのすゝめ

こんなあなたに

- 会社ではたらく人
- 会社を経営する人
- 主婦の人
- 家族がいる人
- 接客業・サービス業の人
- 事務職・営業職の人
- パート・アルバイトの人
- フリーランスの人
- つくる人・売る人
- 上司・部下
- 決まりきったマナーに
ものたりなさを感じる人
- 自分らしさも大切にしたい人

……など

仕事、家庭、
お友だちとの集まり…
いろんなところでね♪

気くばりができる人ってあこがれませんか？　ちょっとしたことで場を和ませてくれたり、気にかけてくれたり……。オフィスで、友だちや親戚の集まりで、なんだかすてき！と思える人です。

「気くばりの人」と聞くと、キャビンアテンダントや秘書、ホテルのコンシェルジュなどを思い出すかもしれませんが、それはあくまでもプロの気くばり。日常で取り入れるのとはちょっと違います。

そこで**「誰でもできるリアルな気くばり」を追求するために1000人にアンケートを実施。そのなかでも気くばり上手さんたちに徹底取材しました。**そしてオトナ女子におすすめしたいコツを厳選してまとめたのがこの本です。いろいろなシーンでご活用ください。

1000人に聞いてわかった 気くばりの心得

その一 アナログなひと手間をかける

手書きのコメントを添えるなど、デジタルの時代だからこそアナログな工夫が相手の心に響く。

その二 相手がよろこぶかどうかを基準にする

ルールどおりに進めることも大切だけど、相手がよろこばなくては意味がない。

その三 あくまでも自然体

相手の性別や年齢で、態度を変えたり媚びたりせず、自然体で接する。

気くばりしたい、こんなとき

この本では13のシチュエーションに分けて、気くばりのアイデアやコツを紹介しています。

うちとけたいとき

初対面の相手との距離を縮めたり、場の空気を軽くしたりするために。

約束するとき

まずは自分が約束を守る。さらに相手にも約束を守ってもらうために。

感謝を伝えるとき

「ありがとう」の気もちを相手にきちんと届けるために。

お願いするとき

相手も自分も心地よくなる、お願いのしかた。スマートな切り出しかた。

送る・贈るとき

〝心〟が伝わる送りかた。相手がよろこぶ贈りものの選びかた。

断る・断られるとき

相手のテンションやお互いの印象を下げない、後味のよい断りかた。

謙虚さが求められるとき

ニュートラルな態度でふるまい、好感度の高いオトナ女子になるために。

場をポジティブにしたいとき

相手を肯定し、前向きなスタンスを貫くことで、明るいムードに導く。

おわびするとき・トラブルが起こったとき

トラブルの傷をなるべく浅くして、信頼をいち早く回復するために。

装いを決めるとき

自分にとっても相手にとっても心地よい、オトナ女子にふさわしい装い。

電話・メールをするとき

型にはまりがちな電話やメールのやりとりにプラスαの気くばりを。

おもてなしをするとき

お客さまがまた来たくなる場所にするために。

お金を支払う・いただくとき

お会計のとき、お金の貸し借りをするとき、おごられるときのコツ。

気くばり
はじまり～

1章

うちとける気くばり

「緊張しますね」と自分から言って空気をほぐす

↓

素直な気もちが場の空気を軽くする

場をやわらげるには

自分が緊張する場では、だいたい相手も緊張しているもの。
「緊張している」という正直な気もちを、口に出して共有してみるのもよいですね。
張りつめた空気が和み、場がなじんでいきます。

相手の魅力をキャッチして さらりとほめる

↓

魅力を声に出して伝えるだけで、距離がグッと縮まる

そのハート
いいね
ほめられると
悪い気はしないわね

チャームポイントを見逃さない

ほめることは、「あなたに注目しています」「あなたに好意を抱いていますよ」というメッセージ。その日の服装やアクセサリー、ヘアスタイルなど、目を引くものにふれて話題にしましょう。

お家やオフィスに訪問したら、インテリアやしつらいのほか、窓の外に見える風景もほめどころ。

名前について ひと言触れる

↓

名前はその人の大切なアイデンティティ

名刺をもらったときにもね

たとえば、こんな切り出しかた

- シンプルな名前のとき
  ↓「クラシックな雰囲気がすてき！」
- 個性豊かな名前のとき
  ↓「センス抜群のご両親ですね」
- めずらしい漢字のとき
  ↓「この漢字のお名前は初めて見ました！」

名前は相手の顔。話題になるとうれしいものです。苗字がめずらしい、漢字がすてきなど、気づいたところを伝えましょう。

会話のなかに相手の名前をちりばめる

↓

認める感じが伝わって、相手が安心感を抱く

呼ばれるたびに胸キュンするの

会話のなかで、相手の名前を織り交ぜると、心を開いてもらいやすくなります。「〜ですか？」ではなく、「〇〇さんは〜ですか？」と名前を添えて質問すると、しぜんに取り入れられますよ。口にしているうちに名前を覚えられるというメリットも。

フランクな関係なら、苗字ではなく下の名前に「さん」をつけて呼んでみる。例：良子さん

事前に調べた相手のプロフィールを会話に登場させる

↓

「あなたに興味があります」をわかりやすく伝えられる

あなたのこと
もっと知りたいの

事前リサーチが肝心

会う前にSNSやブログなどを読んで、相手の趣味や得意分野などを
わかる範囲でリサーチ。そのネタをふって、
会話をふくらませるきっかけにしましょう。

注意！

初対面では、プライベートな話題を好まない人も。こんな話題は様子を見つつふりましょう。

- 出身地
- 職業
- 容姿

 とくにママ友など子どもを介した付き合いでは、プライベートネタは避けたほうが無難。

時には おばちゃんを演じる

「年上＝遠い存在」という印象をやわらげる

年下だって
頼られたい！

ちょっと
これ教えて
くれるかしら～？

年下の人と距離を感じたときは、あえて“おばちゃん風”を演じてみるのも手。わからないことや流行のトピックについて質問してみましょう。年下の人も頼られるとうれしいはず。ただし目上の人にはやらないほうが無難ですね。

目上の人には質問で会話を切り出す

いくつになっても、年下からの質問はうれしいもの

聞きたいことがあるんですぅ

昔はどうだったんですか？
そうだねー

とくに相手が目上の人の場合は、会話をなるべく質問形式でスタートしてみましょう。「わからないので教えてください」「もっと知りたいんです！」という頼る態度を示すと、相手もよろこんでくれて、会話がスムーズに。

自分のことも話して共通点を探る

警戒心をときたいなら、まずは自分をオープンに

質問攻めには要注意！

うちとけようと思うあまり、あれこれ質問しすぎると相手が疲れてしまいます。
時には自分の話題も適度にはさみましょう。出身地のこと、趣味、
最近でかけた場所……。共通の話題が見つかればラッキー。

たとえばこんな話題

- 趣味
- 出身地
- 好きな食べもの
- 苦手な食べもの
- おいしかったレストラン
- 話題のスイーツ
- 人気コスメの感想
- 飼っているペット
- ちょっとした悩みごと
- 好きなスポーツ

 笑うポイントやあいづちの打ち方などから、どんな話題なら会話が広がりそうかを探って。

苦労話をシェアしてねぎらう

↓

ネガティブトークが、うちとけるきっかけになる

大変だったわねぇ…
チーン!

“共感”は、とくに女性同士の距離を縮めるためにはずせないポイント。「大変だった」「苦労した」体験を共有するとグッと距離が縮まります。批判したり、せかしたりせず、ゆっくり話を聞きましょう。ねぎらいのひと言も忘れずに。

どんな相手にも
ほがらかに接する

分けへだてなく接すれば、媚びる印象もない

相手によって声のトーンや表情などを変えないこと。年下には高圧的な態度だったり、男性には媚びる口調だったりすると、まわりは大抵気づきます。安定してほがらかな表情を心がけているうち、しぜんと「うちとけやすい人」と認識されるようになります。

口角をいつも意識的に引き上げていると、ほがらかな表情に。

季節の話題　参考例

春

◎花粉症
◎お花見
◎ゴールデンウイーク
◎生活の変化（引っ越し、入学、卒業など）
「花粉症つらそうですね」

「お花見は行かれましたか？」

「ご入学おめでとうございます！」

夏

◎梅雨シーズンの過ごしかた
◎夏休みの過ごしかた
◎日焼け対策
「（梅雨の時期）洗濯ものはどうしていますか？」

「夏は旅行に行きますか？」

「おすすめの日焼け止め教えてください」

秋

◎食
◎秋の行楽シーズンの過ごしかた
「ごはんがおいしい季節ですね」

「紅葉狩りには行きますか？」

「山登りに行ってきました」

冬

◎年末年始の過ごしかた
◎防寒対策
「クリスマスはどんなふうに過ごしますか？」

「お正月はどうするの？」

「どんな冷え対策していますか？」

・MEMO・

2章

感謝の気くばり

ささいなことでも「ありがとう」と言葉で伝える

↓口に出せば出すほど、よい雰囲気に

「ありがとう」っていい言葉よね～
魔法の言葉だワン

すみませんより、ありがとうを

お互い慣れてくると、やってもらって当然という意識が芽生えがち。
すると、だんだん気もちがすれちがってしまいます。ちょっとしたことでも
「ありがとう」を口に出して伝えましょう。周囲にも和やかな空気が広がります。

親しい相手には「サンキュー！」でも。親密さが伝わる。

「○○さん、ありがとう」と相手の名前を添えて感謝を伝える

↓

名前を添えるだけで、ワンランク上の「感謝」が伝わる

スペシャルな感じが伝わりますねえ

伊藤さんのおかげです！ありがとうございます

「ありがとう」に名前をプラス。たったそれだけでふたりの距離が縮まります。伝えるときは、きちんと相手の顔を見てくださいね。

「ありがとう」のいろんな伝え方

「〇〇してくれて、ありがとうございます」と感謝の理由を添える

ワンパターンになりがちな感謝の気もちが、より具体的に相手に伝わる。

「ありがとうございました」より、「ありがとうございます」のほうがこの先も続く印象が残る

過去形はプツッと途切れた印象になることも。

「ありがとう！うれしいです」と感情を添える

「うれしい」「おもしろい」「楽しい」……など、自分の感情を添えるとワンパターンから脱却できる。

「ありがとうございます！これは何ですか？」とその場で尋ねる

手みやげなど、何かをもらったときは、感謝とともに質問をしてみる。興味を抱いていることが伝わる。

何かをしてもらったら感謝とともに感想を伝える

↓

フィードバックは最高の癒やし

もらいっぱなしはいけないいわねぇ

このあいだ教えてあげたお店…気に入ってくれたかなァ

何かを教えたり、プレゼントしたりしたときは、よろこんでもらえたかどうか不安なもの。感想はもちろん、相手にしてもらったことで、どんないい結果を得られたのかを伝えましょう。

感謝を、より具体的に伝える

「選ぶの大変だったでしょう」と相手の行為に注目する

自分のために時間を割いて選んでくれた行為そのものが、うれしいこと。「忙しいなかありがとう」と相手の行為に焦点を合わせてみるのもよい。

借りたものを返すときには感想をひと言添える

「本を貸してくれてありがとう。主人公に共感できたよ」「あのシーンで泣いちゃった」など感想を添えると、相手も「貸してよかった！　続きも貸したいな」と思える。

「家族もよろこんでいました」と第三者の感想を添える

本人以外からのコメントは、リアル感が伝わる。

会話の最後にもう一度「ありがとう」を伝える

ありがとうのサンドイッチで、気もちよく会話をしめくくれる。

感謝の変化球は
ほめる、ねぎらう

↓

相手のがんばりに、スポットライトを当てる

私だって
ほめられたいっ！
ボクだって
ほめてほしい！

ふだんの相手を観察することから

「書類作成が上手！」「プレゼン、よくがんばってたね」
「忙しいのにいつもありがとうございます」など、相手をよく見てほめたり、
ねぎらったり……。相手の努力にふれることで信頼関係が育まれます。

ほめるポイントをうまく見つけられないときは、自分が言われてうれしいことから始めてみて。

「ありがとう」の記録をためておく

↓

メモしておけば、時間が経ってもすぐに伝えられる

うれしかったことリストをつくろう

ちょっとしたプレゼントや季節のお便りなど、うれしかったことは、
書き留めるなどして覚えておきましょう。
そうすれば、次に会ったときにもう一度、お礼が言えますね。

相手の印象なども合わせてメモ。お礼をするときに、役に立つかも。

まず、メール。お礼状はその後で

うれしい気もちがホットに伝わる

大切なのは、時間を置かないことよ

おいしそうなお菓子が
届きました!!
どうもありがとうございます♡

いただきものをした際、すぐにお礼状を出せればよいですが、用意がない場合も多いでしょう。そんなときは、まず感謝の気もちをメールで送りましょう。いち早く伝えることが大切です。

♡ お花や装飾品をいただいたら、飾ったところの写真を撮って添付するのもよい。

間接的に感謝を伝えるといつもと違いを出せる

↓

本心からよろこんでいることが伝わる

「こんなにすてきなものをいただきました」とSNSやブログで紹介してみましょう。相手の目に留まったらきっとうれしいはず。共通の友人に、うれしかったことを話してもよいですね。

決まりきったお礼は逆効果。自分の言葉で伝える

↓ 型にはまった表現は、感謝の気もちが埋もれてしまう

慇懃無礼っていわれちゃあ、
悲しいものねえ
なにそれ…？
インギンブレイ…

うれしい気もちをそのまま切り取って

感謝の気もちを伝えるお礼状やメールは、お悔やみなどに比べて、
少々くだけても大丈夫。うれしかった気もちや感謝などを、率直に伝えましょう。
あまりに決まりきった表現は嘘っぽく感じられてしまいます。

お礼状やカードにイラストを添えるのも◎。スタンプやシールなども活用してみて。

感謝を伝える身ぶり手ぶり

相手の目をやさしく見つめる

目をそらしながら感謝しても伝わらない。にっこりとやさしい表情で、相手の目を見ながら「ありがとう」を。

お辞儀する

角度がつけばつくほど、ていねいなお礼になる。相手との関係性や内容によって使い分けて。

胸元に手を当てながら感謝する

自分の胸元に手を添えながら「ありがとうございます」と伝えると、「とっても」「心から」「感動しています」という印象に。

ボディタッチする、ハグする

親しい関係なら、肩や二の腕に手を添えるなど体に軽く触れながら「ありがとう」を。とくに親しい人には外国風にハグをしても。

MEMO

3章

送る・贈るときの気くばり

手書きをプラスする

↓

デジタルな書類にあたたかみがにじみ出る

手書きに勝るものはなし

全文手書きが理想ですが、印字された書類の最後に、手書きの文章を添えるだけで印象にあたたかさが出ます。それだけ手書きのパワーは強いのですね。きれいな文字でなくても大丈夫。ていねいに書けば、相手の心を動かします。

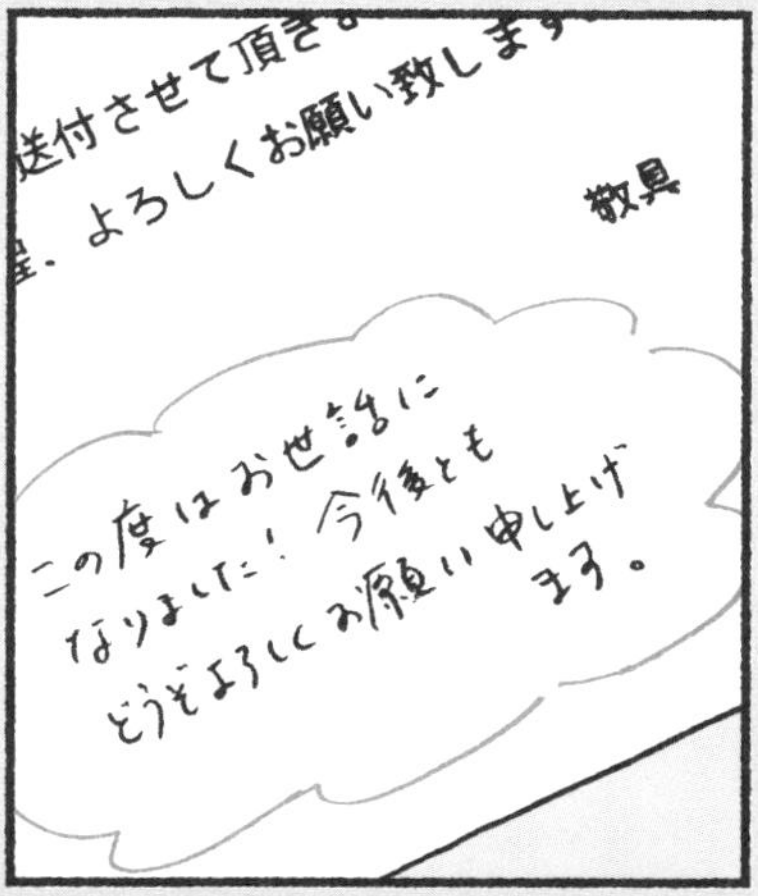

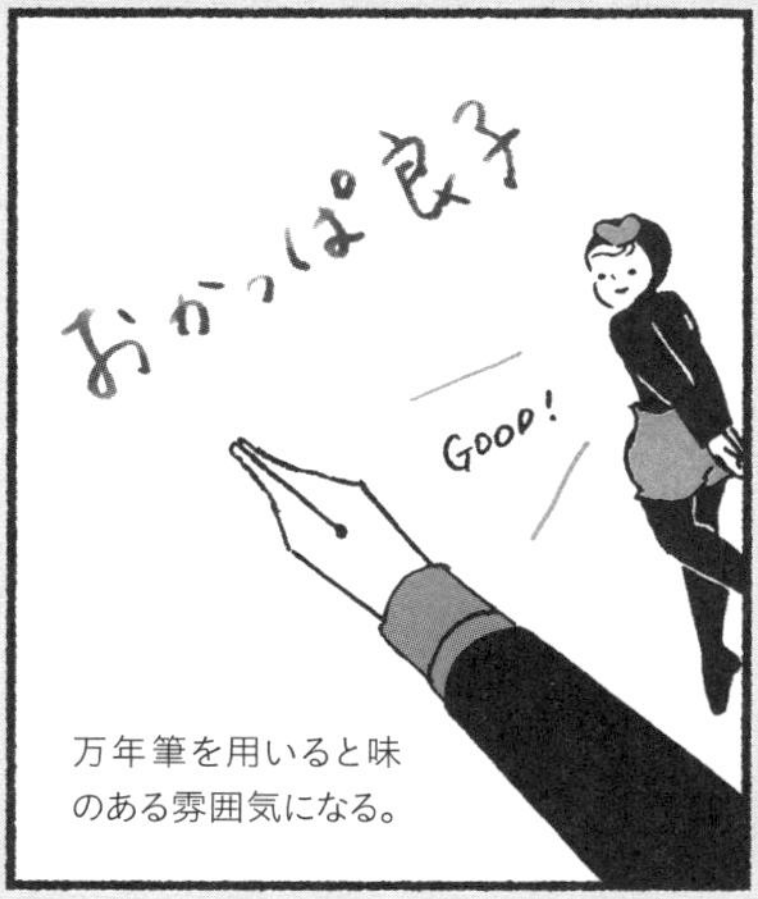

万年筆を用いると味のある雰囲気になる。

「よろしくお願いいたします」といったひと言だけでも手書きにすると、ガラリと印象が変わる。

書類には付箋や一筆箋を添える

ドライになりがちな書類のやりとりに変化を出せる

書類だけを渡されると、なんだか無機質な印象です。付箋や一筆箋を添えてみましょう。かんたんなひと言があるだけで相手の受け取りかたが変わります。デザインのバリエーションも豊富なので、相手の雰囲気に合うタイプを選ぶとなお◎。

ちょっとした手間のあれこれ

該当するページや箇所には付箋をつけて渡す

チェックすべき箇所が明確になっていると相手の時間を無駄にしない。

封をするときはマスキングテープやシールでちょっぴりアクセント

かしこまった場合はNGですが、ちょっとしたものの送付には「〆」よりも雰囲気アップ。

年配の人には大きめの濃い文字で書く

いつもより筆圧を強めて、ゆっくり大きめに書いてみる。

付箋、一筆箋の選び方

- **ガーリーな女性へ送るとき**
  花柄やスイーツ柄、キャラクター柄など
- **感度の高い女性へ送るとき**
  流行のイラストレーターの柄、用紙にこだわったタイプなど
- **男性へ送るとき**
  シンプルなデザイン、人前で出しても恥ずかしくない柄など
- **年配の人に送るとき**
  季節感のあるデザインなど

切手にこだわる

開封前からテンションが上がる

仕事の書類を送るときもね

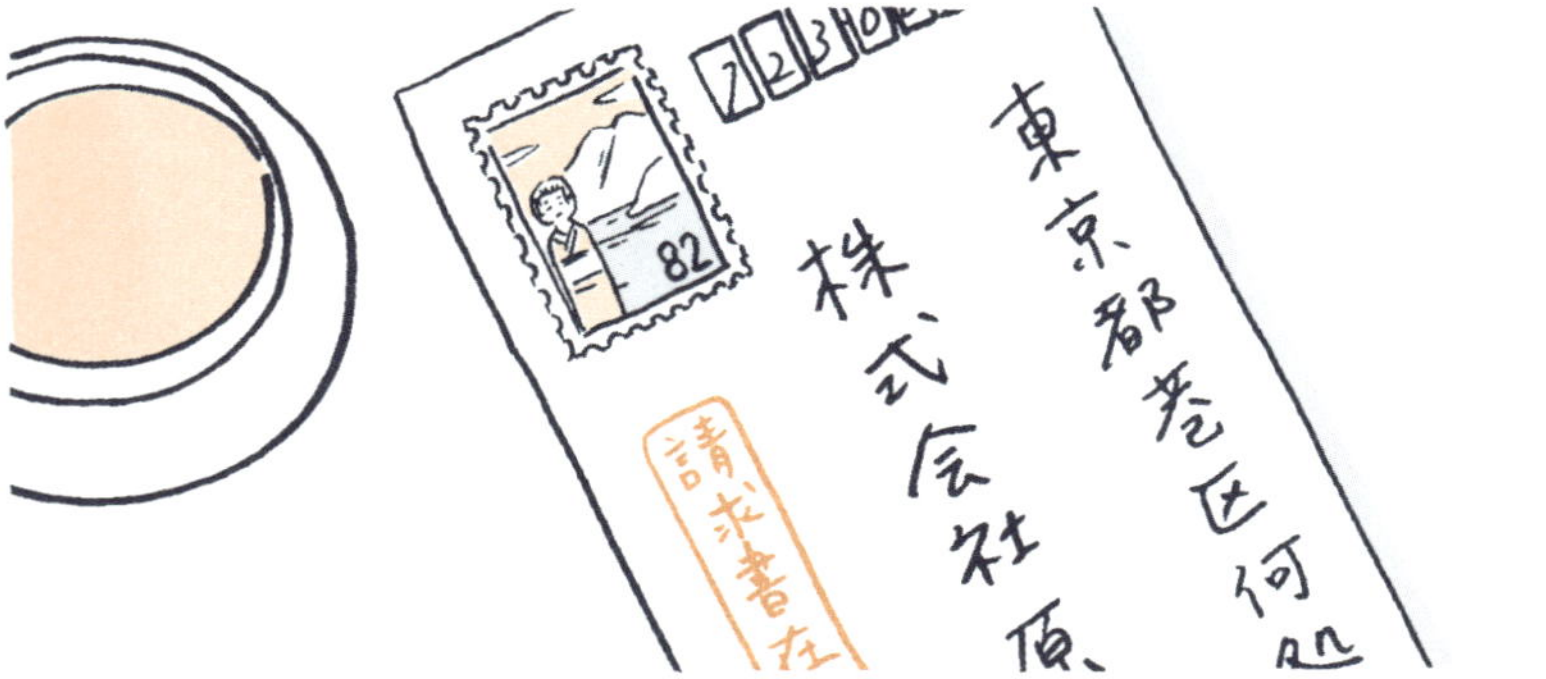

定番の切手のほかに、多くの特殊切手が販売されています。期間限定のものや、キャラクター・漫画とコラボしたもの、ご当地切手など、ぜひ郵便局で手に入れてみましょう。ちょっと変わった切手というだけで、開封前から相手の気もちも盛り上がります。

たかが切手、されど切手

相手の好みを思い浮かべながら切手を選ぶ

季節や相手の好みに合わせて貼付できるように、日頃からいろんなデザインをストックしておきたい。

切手のまわりにひと言書き添える

親しい間柄なら、切手のデザインに合った手書きメッセージを添えても◎。

少額切手を組み合わせて使う

10円切手を8枚と2円切手を1枚貼るなど、少額切手を組み合わせるとユーモアあふれる便りになる。シャレの通じる親しい友人へ送るときに。

消印を風景印にしてもらう

風景印とは主要な郵便局で押してもらえる消印。局名と年月日、地域の名所などにちなんだ図柄が描かれている。土地の空気感が伝わって楽しい。

郵便局での作業は機械処理。郵便番号をていねいに記入するのも気くばり。

ちょっとしたおまけを用意する

ささやかなギフトは、よい流れを生みだす

おまけって心がキュンとするわねぇ

小さな驚きを届ける

何かを届けるときに、小さなおまけを添えてみましょう。ちょっとしたサプライズで相手のテンションも上がりますし、プチギフトであれば負担にもなりません。また、相手の状況に合わせてアイテムを選ぶと、さらによろこばれますね。

 直接渡せない場合には、小さなお菓子やティーバッグなど、配送の妨げにならないものを。

贈りものは相手のライフスタイルを考える

↓

自分があげたいものを贈るのではない

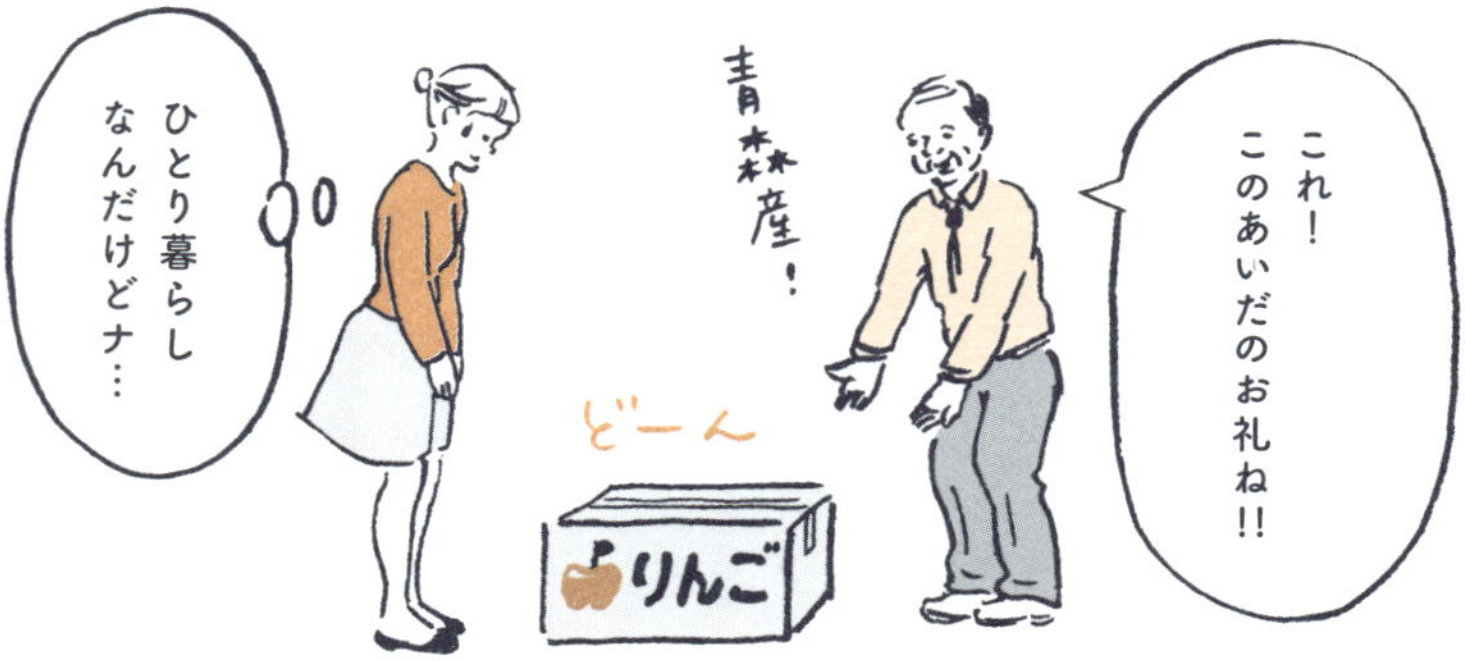

贈りものをするときは、好みだけでなく相手のライフスタイルも気にかけましょう。“過ぎる”贈りものは、迷惑になってしまいます。食品の場合は、賞味期限もチェックしておくとよいですね。

♥ 相手が捨てにくいと感じるものは避ける。例：お守り

贈りものも適材適所

オフィスへの手みやげは個包装のお菓子を

フロアに数日間置きっぱなしにできる食品がよい。

ひとり暮らしの人にはひとりで食べ切れる量を

食べ切れずに腐らせたり、賞味期限を切らせたりすると、相手も負い目に感じる。

年配の人には体の負担にならない軽いものを

いくらすてきでも重量のある贈りものは負担になる。重い場合は、宅配で送るのも◎。

家族のいる人には分けられる数を

渡した贈りものが原因のケンカは避けたいところ。

体調の悪い人や近所の人には、玄関の取っ手に引っ掛けておく、ポストに入れておくのもよい。

日頃から相手のパーソナリティーにアンテナを張っておく

↓

贈りものを選ぶときの参考になる

いつもの会話に
耳を澄ませてね

ヒントは日常のなかにある

会話のなかでよく登場するキーワードや、身につけているものをふだんから観察しておきましょう。贈りものを選ぶときの参考になります。思いがけなく、欲しかったものをプレゼントされたら、相手はきっとよろこんでくれるはず。

たとえば、こんなことをチェック

- 年齢
- 相手のキャラクター（正統派 or 個性派？）
- 好きな色、柄、モチーフ
- ファッションのテイスト（カジュアル or コンサバ？）
- よく身につけているブランドやメーカー
- よく行くお店
- 最近こだわっていること
- 体調（最近、落ち込んでない？）

ヒントが見つからないときは、さりげなく尋ねてみて。あくまでも、さりげなく……！

手みやげはストーリーを語れるものにする

↓ テキトーではなく、ちゃんと選んだ感が伝わる

知らないものはダメよぉ～

ここのお菓子材料にすごくこだわっていておいしいんですよ～

いろんな手みやげストーリー

- 「食べてみたらおいしかったので」
  ↓ リアル感がある
- 「素材にすごくこだわっていて……」
  ↓ 質の高さが伝わる
- 「有名人の○○さんがおすすめしていた」
  ↓ 相手が取り入れやすくなる
- 「地元で有名な○○です」
  ↓ 希少価値の高いことが伝わる

手みやげは、食べたことのあるものや、お気に入りの商品など、最低でも知っているものを贈りましょう。さらに、そのアイテムの詳細や出合ったときのエピソードなどを添えると、印象的な手みやげになりますね。

親しい間柄なら、自分が食べてみたいものをプレゼントして感想を尋ねても。

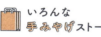

初対面の人や既婚の男性には消えものを贈る

↓

異性からの「もの」はプレッシャーになることも

パートナーのいる
男性にも、ね

奥さまと
召し上がってください
ありがとう！

好みの傾向がわからない初対面の人や男性には、飲みものや食べものといった“消えもの”を贈りましょう。とくに、相手がパートナーのいる男性の場合は、負担にならないように「奥さまと」「彼女と」などのひと言を添えるとよいですね。

♥ 異性からのプレゼントは、恋愛としての好意だと受け取る人もいるので注意。

ラッピングをかわいく仕上げてくれるお店を知っておく

↓
大切なのは中身だけじゃない。ラッピングも贈りもの

センスよいラッピングってテンションが上がるわぁ〜

ラッピングにこそ凝るべし

すてきなラッピングは、贈りものを引き立ててくれます。ラッピングがすてきなお店やひと工夫してくれるお店をふだんからチェックしておきましょう。
また、自分で包むのもよいですね。ラッピングアイテムを少しそろえておくと便利です。

merci
こちらのパティスリーはオリジナルのメッセージシールを貼ってくれるよ！
季節の花をかわいくまとめてくれるお花屋さん
コスメはここ。試供品も一緒に包んでくれる！
OPEN
雑貨はここ！ラッピングが豪華なの

あると便利なラッピングアイテム

- **きれいな紙袋**
  何かを持参するときに便利。
- **透明の袋**
  中身を見せたい贈りものをするときに。
- **リボン・麻ひも**
  リボンをかけるだけでプレゼントの雰囲気に。おしゃれな印象になる麻ひもは、男性にも◎！
- **ペーパークッション**
  紙を細かく切ったもの。プレゼントをボリュームアップできるので、豪華な印象に。
- **マスキングテープ**
  セロハンテープの代わりに使うと一気に凝った感じに仕上がる。

何店舗か押さえておけば、急ぎの場合も焦らず用意できる。

年齢層に応じたメッセージカードをストックしておく

相手を想ったお礼状をすぐに投函できる

メッセージカードは、年上の人や上司、同僚、親戚、友人など、相手によって使い分けられるよう、日頃からストックしておきましょう。お礼状として、すぐに出せますね。メールのお礼よりも、カードで届くお礼は一段階深い思いが伝わります。

2度目の人には記憶を贈る

「覚えている」に勝るものはない

覚えてくれてるって
うれしいな♡

教えていただいたお菓子、私も食べてみました。おいしかったです！
LEMON Cake

2度目の人と会うときには、前回会ったときに話題に上がったもの、相手が身につけていたものなどに少し触れましょう。覚えていてもらえると、それだけで人はとてもうれしいものです。

たとえば、こんなフレーズ

- 「先日の花柄ブラウスもすてきですが、今日のもよくお似合いですね」
- 「ヘアスタイル、変えたんですね」
- 「教えてもらったカフェ、行ってみました！」
- 「このあいだのお話をお伺いして、私も○○を買ってみました」

ちょっとスペシャルな日に 電報を送ってみる

結婚 **婚約** **結婚記念日**

バルーンやお花、ぬいぐるみなど、バリエーションが豊富。ふたりの門出に彩りを添えられる。

出産祝い

遠くに住んでいて、なかなか会えない友人が出産したときに。

入園 **入学** **就職祝い**

あらたなステージを迎えるフレッシュマンに。

母の日 **父の日** **敬老の日**

疎遠になりがちな両親や、祖父母に。照れくさくてふだん伝えられない感謝を伝えられる。

• MEMO •

4章

約束の気くばり

日時だけでなく約束の目的もメモしておく

↓

余裕をもって準備ができて、プラスαに気づける

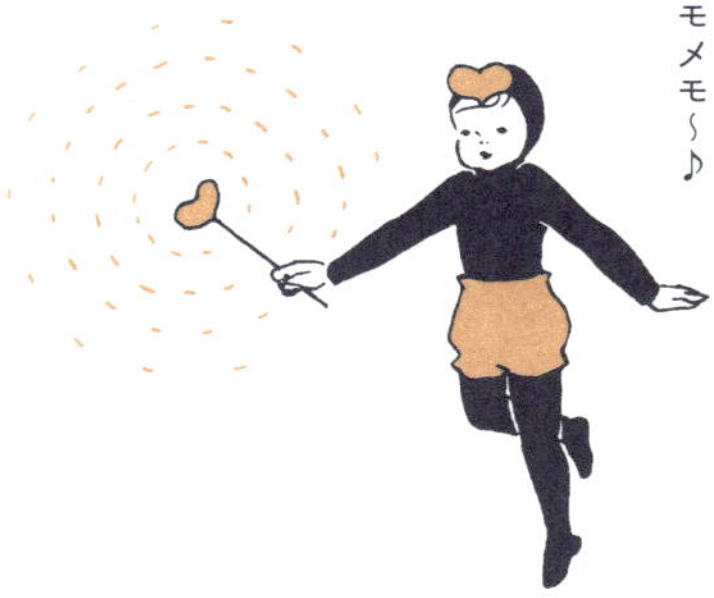

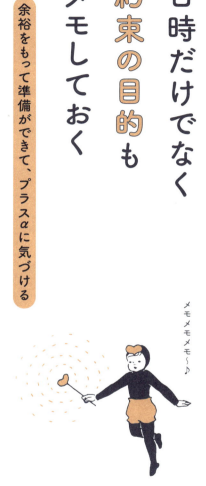

関連事項をまとめておく

スケジュール管理は日時、場所だけでなく、話す内容や持ちもの、
移動時間、服装の注意点なども記しておきましょう。
約束をこなす以上のことに気づけます。

待ち合わせ場所までの経路も事前に調べておくとよい。

約束の日が近づいたらお伺いメールを送る

↓ せっかくの約束が流れるのをくい止めて

1回では約束したことにならないんだって〜

明後日の打ち合わせ
よろしくお願い致します。
助かった…
あッ この打ち合わせ 明後日だった！

約束の日が近づいたら、さりげなく“お伺いメール”を送りましょう。数日前に送れば、もし相手が忘れていても調整することができます。

相手にプレッシャーをかけないお伺い

「明後日、楽しみです！」と気もちを添えて確認する

さりげないリマインドになるのはもちろん、約束の日をポジティブに迎えられる。

「○○って、火曜でしたっけ？」と自分が忘れているふうに確認する

日時の確認は相手を緊張させることも。とぼけた感じでさらりと聞いて。

ママ友には「体調はどう？」と前日に尋ねる

子どもは急に体調を崩す。ママ本人も気にしているので、直前のキャンセルを責めないで。

SNSのグループ機能を使って回覧しておく

複数人で集まる場合は、グループ全員に送ると、プレッシャー度も低い。

相手だけでなく、自分にとっての確認にもなる。

自分へのリマインドをお願いしておく

↓

相手が催促しやすい雰囲気づくりが大切

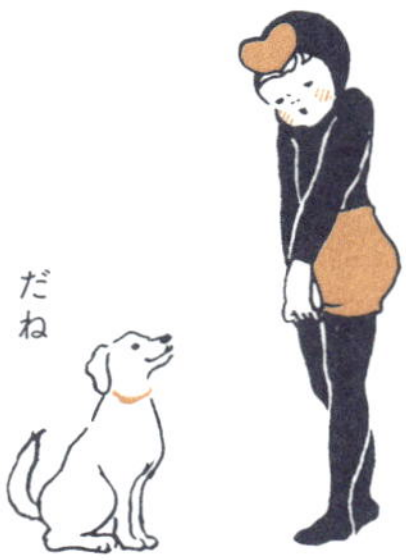
催促ってしづらいわよねぇ
だね

むずかしい催促も自分のひと言しだい

催促は誰でも気が引けるもの。状況に迫られて連絡することがほとんどです。
約束をしたら、催促しやすい、されやすい空気をつくっておくのも
気くばりのひとつですね。

「私、最近ボケてて……」など、お茶目に頼むと空気も和む。

居心地のいい待ち合わせ場所にする

↓ 待ち合わせが楽しみになる

雨の日、雪の日、花粉の日、寒い日、暑い日……。約束の日に屋外が快適とはかぎりません。待ち合わせ場所は屋内にしましょう。書店、駅ナカショップ、カフェなど、相手が時間をつぶしやすい場所を選ぶとよいですね。

遅れるときはおわびとともに気づかいのひと言を

これ以上、相手の時間を無駄にしない

どうしても約束の時間に遅れてしまいそうなときは、おわびはもちろん、相手が次の行動に移れるひと言を添えて。「先に行ってください」「もう少しで到着するので待っていてください」などと伝えましょう。到着予定時刻も忘れずに。

飲み会や打ち合わせなどの場合は、「先に始めておいてください」のひと言も添えて。

予定変更するときの言いまわし

キャンセルをするときは素直に謝る

↓

言い訳をせず素直に謝り、次回の日時の提案をする。

ごめんなさい。都合のいい日を教えてもらえますか？

「大事な用事が入ってしまって」というキャンセル理由は避ける

↓

相手に「私の用事は大事じゃないの？」と思わせてしまう。

ドタキャンされたときは怒らずに「わかりました！　じゃあ次はいつにしましょうか？」

↓

やむを得ない理由で急にキャンセルになったのかもしれない。怒りをぶつけず冷静に対応を。

時間を決めるとき「14時から15時の間に行きます」は避ける

↓

相手は「14時」という言葉が記憶に刻まれ、14時30分に到着しても遅刻したという印象になる。「○時頃、伺います」も避ける。

・MEMO・

5章

お願いするときの気くばり

お願いするときは緊急レベルをはっきりさせる

↓

急ぎかどうかは、口に出さないと伝わらない

「え？ 急ぎだったの？」ってことあるわよねぇ

伝え方を変えるだけ

何かを依頼するときは遠慮がちになるものですが、
あいまいに頼むのは誤解のもと。勇気を出してストレートにお願いしましょう。
その際、緊急度をはっきり伝えるのがポイントです。

自分が頼まれた場合にも、期日などはしっかり確認しておく。

やっかいな頼みごとは5W1H的なメモにして渡す

↓
具体的な指示が、相手のミスをなくす

Where, who, how…

What, why, when…
あと、なんだっけ？

お願いするなら具体的に

ちょっと複雑な頼みごとの場合は、用件のほかに期日や様式、
目的、注意事項を伝えましょう。依頼の意図が伝わると、要領よく進められますし、
相手のミスも防げます。途中で、進捗を確認させてもらうのもよいですね。

最終形の見本があるとさらにわかりやすい。

なぜ、あなたなのかを伝える

「それならぜひ!」とポジティブに受けてくれる

誰でもいいわけじゃないワン

この資料まとめてもらっていいかしら?
山中くんエクセルのエキスパートだから!
了解ッス

頼みごとをするときは、なぜ、その人にお願いするのかを伝えます。その他大勢のうちのひとりではなく、あえて「あなた」にお願いしていることが伝わると、相手は自分が「選ばれた人」だと感じられて、ポジティブな姿勢で引き受けてもらえます。

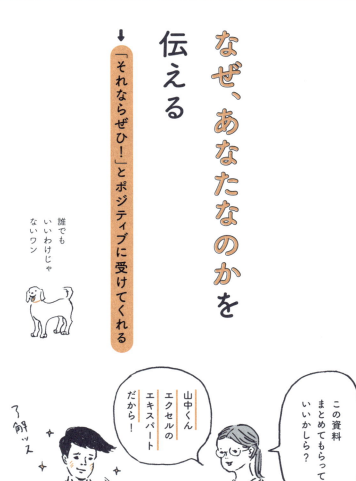

甘いものという名のワイロを用意する

↓

ちょっとしたものが、ちょうどいい

無理をお願いした場合や相手がとてもがんばってくれたときは、お菓子などちょっとしたものを添えてお礼を。高級品や個数の多いものは、かえって負担になるので避けます。渡すときは「さりげなく」がポイントです。

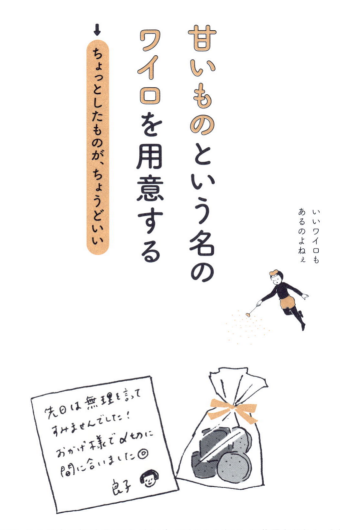

相手が断りやすい言葉を選ぶ

相手にプレッシャーを与えないことも大切

断るなんて悪くって…
もじもじ

来週の予定はどう？
無理なら遠慮なく言ってね！
ありがとう
実は保育園の行事の準備があって…

頼まれごとを断るのはむずかしいものです。さりげなく都合を尋ねたり、「無理なら遠慮なく言ってね」とひと言添えたりするなど、相手に負担をかけないように心がけましょう。また「電話が無理ならメールでもいいですよ」と、選択肢を出すのもよいですね。

断られたときの返事は「ありがとう、またお願いね！」。相手は次があると思えるだけで安心する。

事前に地ならしをしておく

話を切り出しやすい雰囲気に

心づもりを
しておいて
もらいましょ

ひとつおかっぱさんに
お願いしたいことがあります。
来週お伺いする際に
お話しさせてください

お願いする内容にもよりますが、話を切り出すタイミングを見極めるのはむずかしいもの。会ってお願いする際は、「頼みごとがある」ことを事前に伝えておきましょう。話を切り出しやすくなりますし、相手も心の準備ができます。

会話のなかで「最近、忙しい？」と、お願いできそうか探ってみるのも手。

日頃から頼まれておきましょう

↓ いざというときに、協力し合える間柄になれる

日頃の信頼関係がカギ

頼みごとを引き受けてもらえるかは、ふだんの自分の行動しだい。
困ったときに助けてもらえるよう、日頃からできるだけ応えておくとよいですね。
お願いする際の後ろめたさも、多少、軽減します。

頼みごとをした後も大切

↓

自分の出来映えが、どう影響したのかを気にする人は多い

頼みっぱなしは
よくないわねぇ

お礼とともに、結果をフィードバック

お願いされた人のなかには、自分のやり方やクオリティに問題がなかったのかを気にする人も。依頼した相手には「その結果、どうなったか」を報告しましょう。そういったフィードバックを欠かさずにいると、次回もよろこんで引き受けてくれます。

とくに人の紹介は……

人を紹介してもらった場合には、あいだに立ってくれた人にも結果を報告するのを忘れずに。人を引きあわせるということは、あなたを信頼しているから。その気もちを裏切らないようにフィードバックは必ず!

頼むときはできない理由もセットで

↓

理由を知ると、相手も腑に落ちる

「まずは、自分で」がキホンよねぇ

来週のそうじ当番、代わりにお願いできると助かるのですが…
その日有休の予定で…
わかりました！ 有休楽しんでね

お願いをするときには「なぜ、自分はできないのか」まで伝えましょう。ただし、「やってもらってラッキー！」で終わらせるのはNG。「不都合があれば、遠慮なく言ってくださいね」とフォローを忘れずに。

それでもダメなら いじけましょう

そんな日もある！（笑）

頼みごとは、必ず引き受けてもらえるとはかぎりません。手を尽くしてもダメな場合もあります。そのときは、ひとまず落ち込んで、次の手立てを考えましょう。けっして誰かを責めたり、自分を責めたりしないでくださいね。

お願いメールのポイント

「○○をお願いします」だけはNG

「突然のお願いで恐れ入りますが、○○をお願いできますか？」など、クッション言葉と疑問形でお願いする。

自分の都合を書かない

「とにかく急ぎなので明日までにお願いします」など、身勝手な印象を招く表現はNG。

件名でもお願いの内容を明確にする

「○○送付のお願い」「時間変更のお願い」など、ひと目でわかる件名にする。

必要なら電話でフォローを入れる

複雑な依頼の際は、電話でも説明をする。

・MEMO・

6章

断る・断られるときの気くばり

できないときはすぐに断る

気を遣ってなかなか断らないのは逆効果

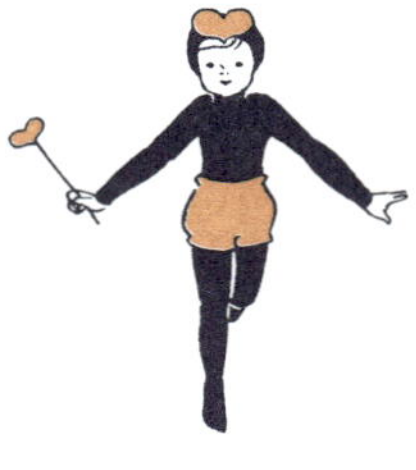
申し訳ないという
気もちも伝えてね

理由と気もちを正直に伝える

断るときにあいまいな表現はNG。申し訳なく思っている気もちとともに断らなければならない理由を伝えましょう。その際、「声をかけてくれてありがとうございます！」という感謝を、まずは伝えられるとよいですね。

 断る際、不必要に時間を置くのはNG。時間が経つにつれ、断りにくくなってしまう。

「できません」「行けません」よりもクッション言葉を上手に使う

↓

断っても、また声をかけられる人になる

やわらかな物腰が
大切よぉ

お引き受けしたいのですが
その日は別件がありまして…

「とても残念なのですが」など、自分も心苦しく思っていることを伝えましょう。ポジティブな雰囲気になります。ストレートに「できません」と言ってしまうと、拒絶された印象が相手に強く残ります。断られても「また誘いたい」「頼みたい」と思われるよう、クッション言葉を上手に使いましょう。

「あいにくですが」とワンクッションおく

例 「参加できません」

↓

「その日はあいにく先約があって参加できなさそうです。すみません！」

「残念なのですが」と気もちを添える

例 「体調不良で行けません」

↓

「とても残念なのですが、体調がすぐれず行けなくなりました」

行けないことを伝えるのはもちろん、「残念！」という気もちを伝えるのも大切。

「お役に立てず申し訳ありませんが」と先にわびる

例 「できません」

↓

「今回はお役に立てず申し訳ありませんが、また声をかけていただけるとうれしいです！」

「お気もちだけで」とやんわり断る

例 「行けません」

↓

「ありがたいお話ですが、今回は遠慮させていただきますね」

次につながるひと言を添える

断った後も、よい関係でいられる

ポジティブ流　断りかた

断るときには、次につながる言葉を添えましょう。今回はダメでもその次が想像できれば、良好な関係が保てます。誘った人、依頼した人も勇気を出して声をかけているはず。その気もちを無下にしないでくださいね。

次につながるうれしいひと言

来月ならできると思います。

次はぜひ、ご一緒させてください！

都合が合えば、次回は必ず参加します。

また声をかけてくださいね。

「頼んでもらって、うれしかったです」という気もちも伝えられるとなおよし。

断るときの理由に忙しいは禁句です

忙しいのは、みんな同じ

これ言われちゃうと
引くわ〜

その日は
ちょっと
忙しいんすよね
さーせん!
・・・

基本的に、忙しいのはみんな同じ。あなただけが忙しいとはかぎりませんし、人によって忙しさの尺度は異なります。「先約がある」「都合が合わない」「体調不良」などの忙しい理由以外で断りましょう。

仕事の場で、個人的な事情で断るときは「私の都合で恐縮ですが」というひと言を添える。

断らずにできることを提案する

↓

代替案を出せるのがオトナ女子

ご迷惑にならない範囲でね

翌日まで待っていただければ対応できるのですが…

「できません」「行けません」では、ちょっとキツい印象ですね。相手に、もう声をかけるのはやめよう……と思われてしまうのは損です。たとえば、指定の日時での参加がむずかしい場合には、「1時間遅刻してもよいなら参加できる」など、実現できる方法を申し出てみましょう。結果が同じだったとしても、誠意は伝わりますね。

たとえば、こんな提案

- （今すぐは無理ですが）1時間後ならできます！
- 今の仕事が片づいたら、取りかかれます。
- （木曜は都合が悪いのですが）金曜なら行けます。
- 子ども同伴でよければ行けます。

欠席の報告は、まずは幹事に。SNSには後で書き込む

↓ みんなのテンションを下げないことも気くばり

出鼻をくじかない
ようにね～

まわりへの影響を考慮する

何かの集まりを欠席する場合、幹事にはいち早く伝えたいもの。一方、SNSへの書き込みは、半分くらい出そろった頃がよいですね。しょっぱなから欠席の投稿をすると、メンバーのテンションも下がってしまいます。

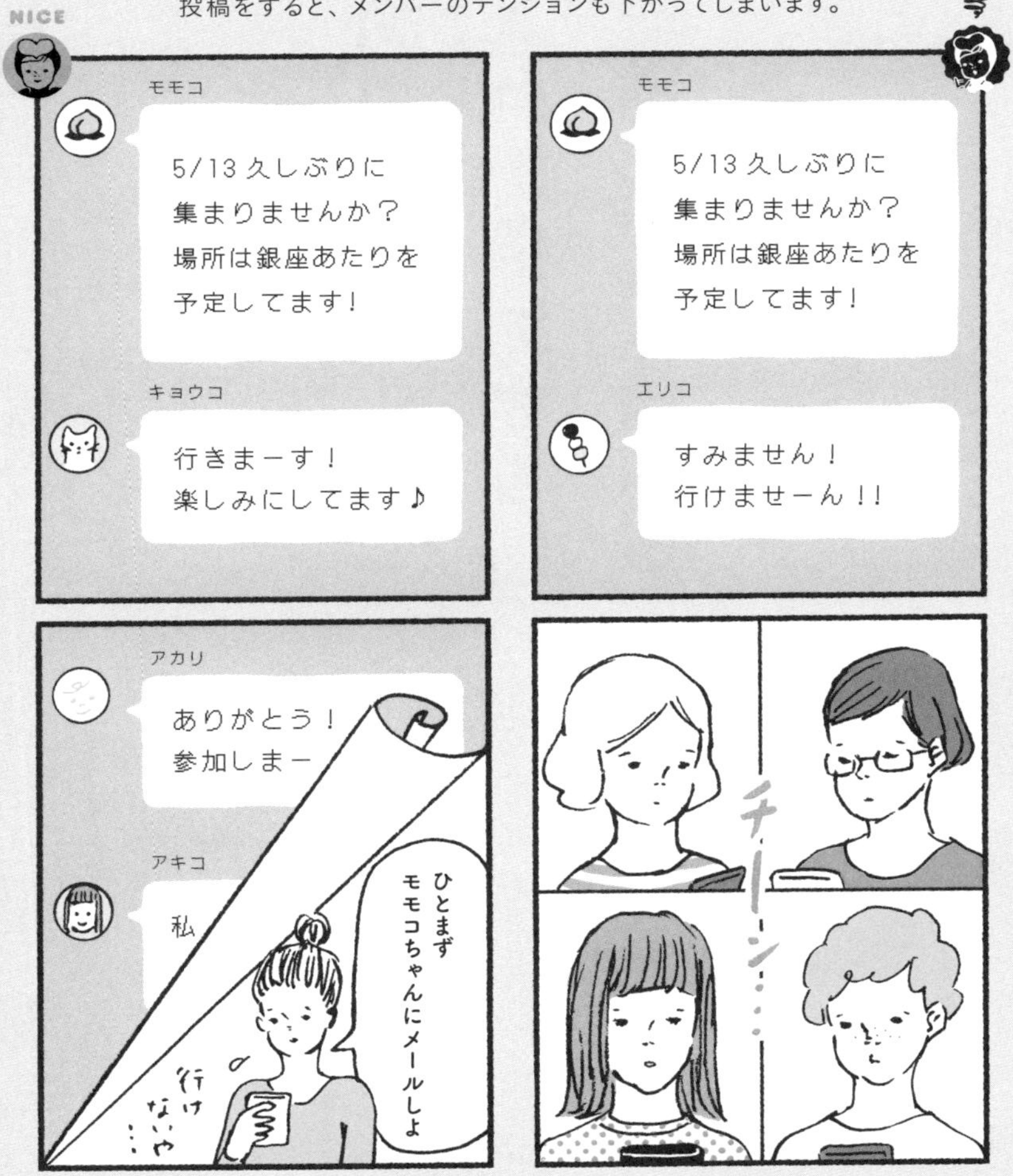

 SNSに欠席を書き込む場合には、「楽しんできてね」など前向きなメッセージを忘れずに。

不参加の代わりに差し入れで参加する

↓

「参加したかった!」という気もちが伝わる

差し入れなら
できるわね

たとえば、こんな差し入れ

- 参列できない結婚式
  ↓ 祝電
- 参加できない飲み会
  ↓ お酒や宴会グッズ
- 参加できない歓送迎会
  ↓ 主役へのメッセージ
- 参加できないホームパーティー
  ↓ お菓子の詰め合わせ

おかっぱさんから
シャンパンの
差し入れです!

たとえば、送別会なら主役への手紙を渡しておくなど、不参加の代わりに何ができるかを考えてみましょう。

用意しなくてよいものは あらかじめ断っておく

↓

相手の時間をムダにしない

そのほうが
お互いに
気もちいいわね

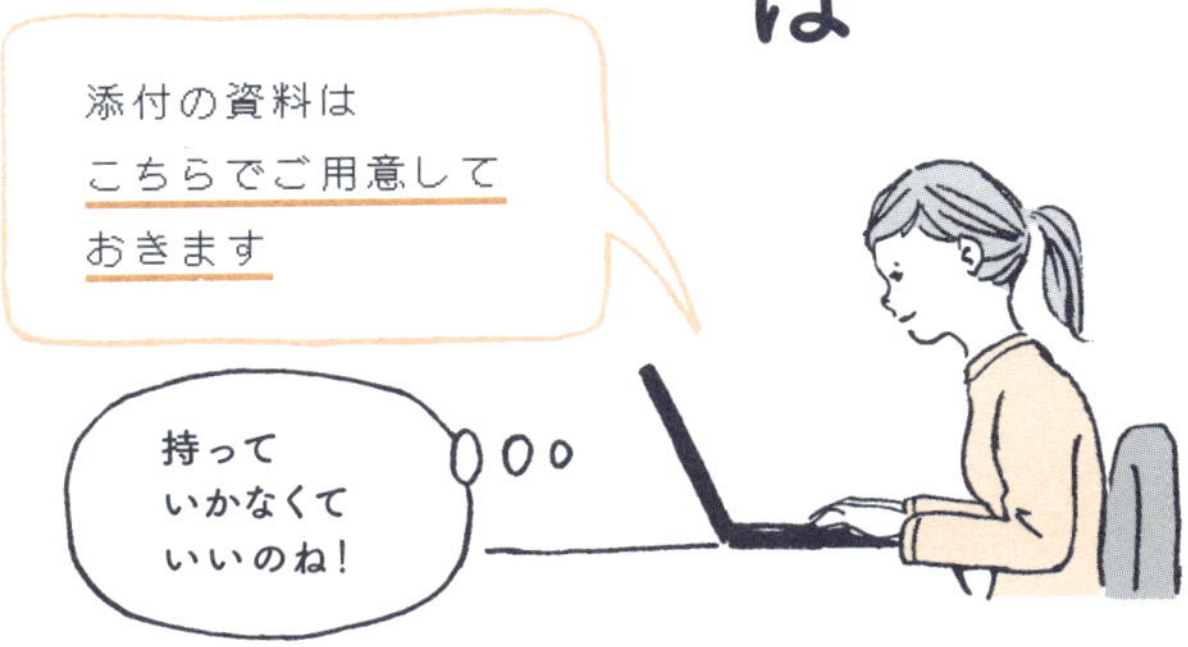
添付の資料は
こちらでご用意して
おきます
持って
いかなくて
いいのね！

「こちらで印刷して準備しておきます」「購入済みなので用意していただかなくて大丈夫ですよ」などと、不要なものは事前に伝えましょう。宿泊の場合にも「パジャマは貸します」「歯ブラシはあるよ」と事前に伝えておくと、相手の迷いが少なくなります。

持ち寄りパーティーなどの場合には、「準備していないもの」も伝えると参考になる。

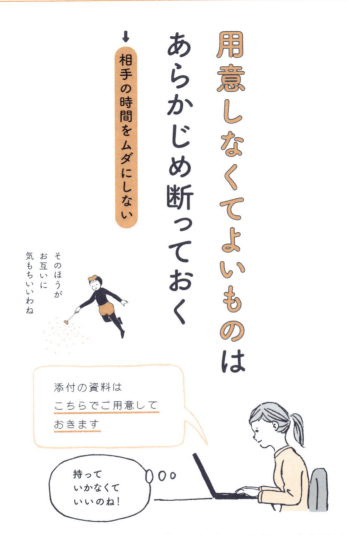

断る人の勇気に思いを馳せる

「断る」のもエネルギーがいるもの

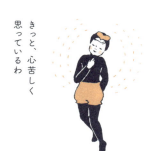

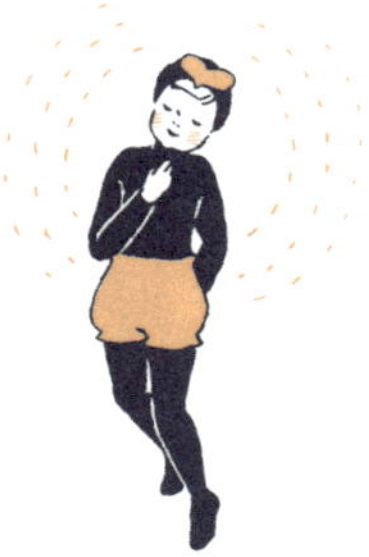
きっと、心苦しく
思っているわ

相手の気もちを想像する

断られたときこそ、笑顔でお礼を伝えましょう。きっと、相手は心苦しく思っています。逆に自分が断る側になることもあるはずです。そんなとき、相手がにこやかに受け止めてくれたらうれしいもの。断るのも、断られるのも“お互いさま！”ですね。

 「言いにくかったでしょう？」と、相手の気もちを察するひと言も効果的。

ちょっとフランクにメールを返す

↓

くだけた言い方が、相手の負い目をカバーする

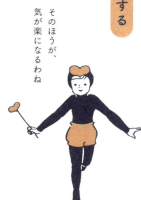

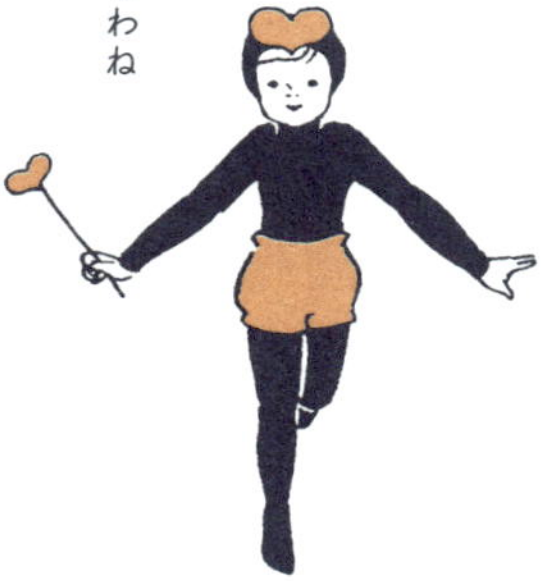
そのほうが、
気が楽になるわね

わざと軽く受け流すことも

断ることで相手が恐縮している場合には、少しくだけた返答にしてもよいでしょう。相手の心が軽くなりますね。とくに、年下の相手は必要以上に萎縮している場合も。年上の人から、和やかな雰囲気をつくり出せるとよいですね。

 対面で伝える場合にも、「今度はお願いね！」などと軽く返して。

上手なお酒の断りかた

STEP 1

「すみません。お酒を飲めない体質なんです」

苦手なお酒を無理に飲むのは危険。「飲まない」のではなく「飲めない」ことをアピールする。

STEP 2

「お酒は飲めないんですが、飲み会の雰囲気が大好きなんです」

お酒を断ると「なんで?」「どうして来たの?」という空気になることも。そんなときは明るく切り返して。

STEP 3

「今日は私のぶんまで飲んでくださいね!」

お酒好きな人は、飲まない人と一緒にいると遠慮してしまいがち。気兼ねなく飲んでもらえるひと言を。

STEP 4

お店に飲めないことを伝える

それでもお酒を強要される場合は、店員にこっそり「アルコール少なめでお願いします」と伝えて味方をつくる。

• MEMO •

7章

おわび・トラブルの気くばり

おわびは生モノと心得る

↓ おわびを早くすればするほど、傷は浅い

おわびはできるかぎり早くが鉄則

トラブルに気づいたら、とにかく急いでおわびをしましょう。
時間が経てば経つほど、相手はモヤモヤした気もちを引きずることになります。
できれば、対応方法も同時に伝えられるとよいですね。

たとえば、こんなおわびのフレーズ

- 相手に負担をかけたときに ➡「大変ご迷惑をおかけいたしました」
- 「申し訳ありません」のさらにかしこまった言い方 ➡「心よりおわび申し上げます」
- 質問に答えられないときに ➡「勉強不足で申し訳ありません」
- 今後について述べるときに ➡「今後はこのようなことがないよう、充分に注意いたします」

謝罪が遅れてしまった場合には、「おわびが遅れまして、申し訳ありません」と添える。

言い訳をしない。まずはシンプルな言葉で謝る

↓

「自分? 相手? どっちのせい?」から考え始めない

保身は禁物。簡潔に謝罪する

トラブルはわざと起こすものではありません。それだけに、ついつい
保身から言い訳をしてしまいがちですが、それは逆効果。
くどくど説明するのは後にして、「申し訳ありません」と、まず謝りましょう。

座って落ち着いてもらう

↓

怒っている人を長時間立たせると、余計に興奮させる

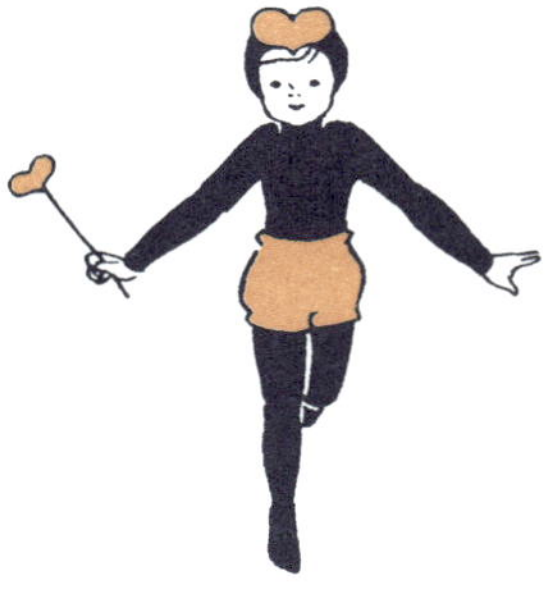
落ち着いて話せば
わかり合えるわ

クールダウンが第一

相手が興奮している場合、まずは落ち着いてもらうことが先決。
ひと息ついてもらえるように、座ることをさりげなく促しましょう。
相手が泣きだしたときも同様、場所を変えて話を聞くとよいですね。

COOL DOWN

「座る」ほかにも……

- 場所を変える
- お茶をすすめる
- 担当者を代える

自分が焦ってしまった場合も同様。深呼吸するなど、まずは落ち着くようにする。

相手の感情をこちらから先に言う

↓

「あなたの気もちわかります」が相手に伝わる

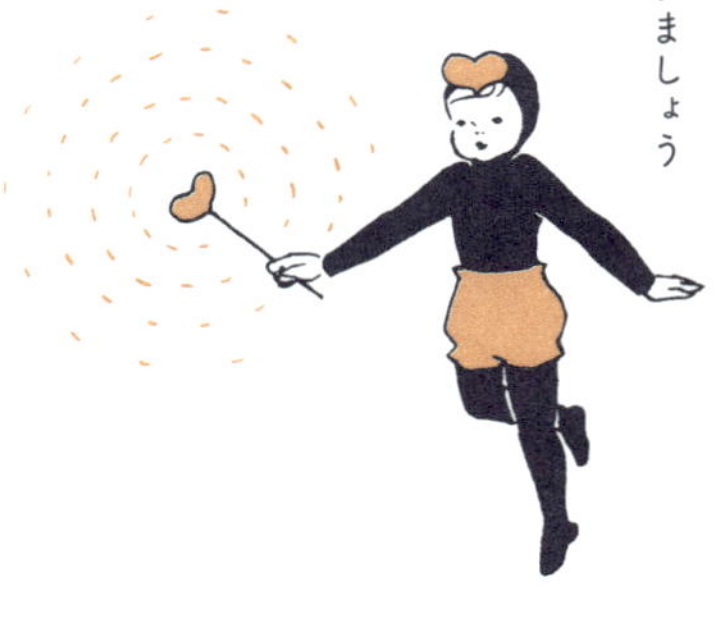
先回りしちゃいましょう

残念な気もちをシェアする

おわびの際に状況を察して、こちらから相手の怒りや悲しみの気もちを代弁しましょう。「あら、この人わかっているじゃない」と感じられて、相手のネガティブな気もちがやわらぎます。

相手の気もちを代弁するときは…

相手が何に対して腹を立てているのかを理解することが大切。そこを外すと「何もわかっていない……！」と、状況が悪化するので気をつけましょう。

きちんと伝えたいときは「すみません」より「申し訳ありません」

↓

真剣さがしっかり伝わる

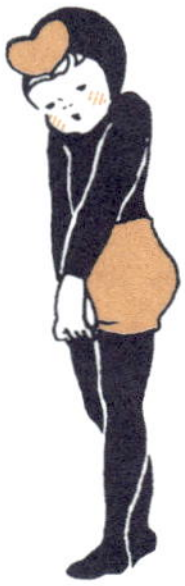
おわびの気もちを、
きちんと伝えなくちゃね

「すみません」は自分中心の言葉

きちんと謝罪したいときには、「すみません」より「申し訳ありません」と
伝えましょう。「申し訳ない」は、「弁解の余地がない」ということ。
そのほうが、真剣さが伝わりますね。

「すみません」の意味

元々、「それでは私の気もちが済みません」という意味。相手の気もちよりも自分を優先させた考え方です。日常で用いるぶんには、まったく問題ありませんが、目上の人や、おわびの気もちをしっかり伝えたいときには「申し訳ありません」のほうがよいですね。

「ごめんなさい」もあらたまった場でのおわびには向かない。

謝った後は、具体的な対応策を伝える

↓

謝罪だけでは信用回復につながらない

次にどうするか、は具体的に

トラブルは謝罪しただけでは解決しません。次にどうするかが大切です。
対応策をできるだけ具体的に示せれば、相手も安心してくれるでしょう。
そして、スピーディーに行動に移せるとよいですね。

 具体的な対応とは、「いつまでに」「何をするのか」。この2点を明確に。

おわびを感謝に置き換える

↓

相手の気もちをやわらげて、謝罪の一歩先へ

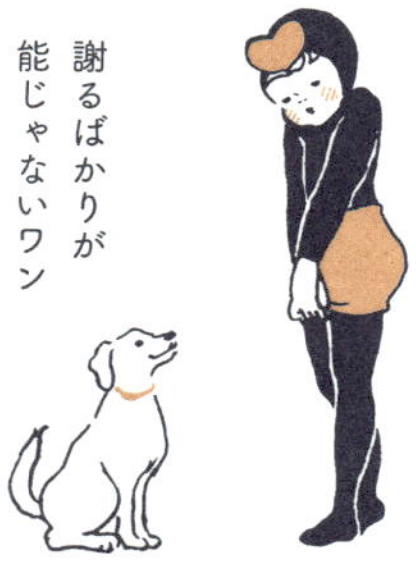
謝るばかりが
能じゃないワン

トラブルは、絆づくりのチャンス

立腹している相手もさまざまな思いを抱えているはず。謝罪の言葉を重ねるばかりではなく、感謝の言葉に置き換える工夫をしてみましょう。相手も「言ったかいがあった」と思えて、好印象につながる場合もありますよ。

 トラブルを起こした場合は最初から感謝に置き換えるのではなく「謝罪」→「感謝」の順に。

ささいなことでも「ごめんなさい」を伝える

↓ トゲトゲした空気の芽をつむ

あると
ないとでは
大違い

ごめんなさい!
あッ

すれ違いざまにちょっと肩が当たった、荷物を受け取る際に手が当たったなど、どちらが悪いというほどでもない場合でも「ごめんなさい」のひと言で、和やかな空気を保てます。とくに満員電車では、ちょっとしたことでトラブルに発展するので、ひと言を忘れずに。

起こしたトラブルは次に会うまで覚えておく

↓

誠意は何度見せても、減るものじゃない

勝手になかったことにしないこと〜
先日はご迷惑をおかけして申し訳ありませんでした
いえいえ
10日も前なのにきちんと覚えているのね!

メールや電話でおわびしたことを忘れずに覚えておき、次に会ったときに再度、おわびの気もちを伝えます。ちゃんと責任を感じていることが伝わります。まるでなかったかのようにふるまわれては、相手もよい気もちはしないでしょう。

おわびをされても こちらこその 気もちを忘れない

↓ 謙虚さが人間関係を豊かにする

謝られたら「いえいえ」「こちらこそ」と、こちらからもおわびを。相手の肩の荷が軽くなります。いくら相手のミスでも、自分にも何かしらの落ち度があったかもしれません。「こちらこそ説明不足でした」などと、添えられるとよいですね。

互いに“おわび合戦”にならないよう、おわびが済んだら次の話題にさっと移るとスマート。

相手のミスには共感で励ます

「私も○○」は傷ついた相手を癒やす魔法の言葉

ううう…
大丈夫よ
私も前に
同じようなこと
しちゃったことあるわ

ミスをしたとき、トラブルを起こしたときは、誰もが落ち込んでいるもの。そんなときは「私もそうだった」「私も気をつけるね」と共感の姿勢をもって励ましましょう。「私だけじゃないんだ……」と、相手も気をとり直せるはずです。

賢いクレームの入れかた

1

まずは事実だけを伝える

「○日までに商品が届かなかった」「頼んだ商品と違うものが届いた」など、実際に起こったトラブルを具体的に伝える。

2

リクエストを伝える

期日までに届かなかったから返金してほしいのか、違う商品が届いたから取り換えてほしいのか、「どうしてほしいのか」という自分のリクエストをはっきりと伝える。

3

感情は控えめに添える

「困った」「怒っている」といった自分の感情を最初からまくしたてず、最後に冷静に伝えたほうが、相手の心にも響く。たとえ正しいことを言っていても、感情的というだけで、相手の目には〝クレーマー〟として映ってしまうもの。

4

SNSなどに書き込まない

あえて拡散する必要はない。自分とトラブルを起こした相手のあいだで解決すればよいこと。

・MEMO・

8章

謙虚になる気くばり

自分の話題はあとまわしにする

↓

なにはともあれ相手が最優先

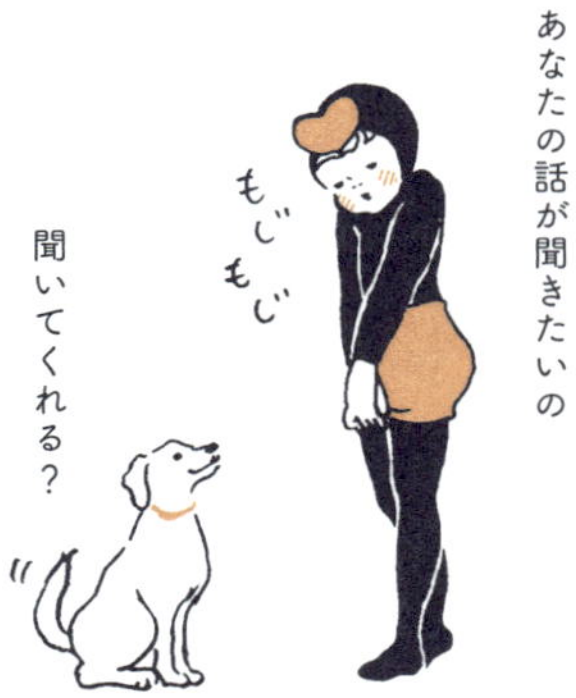
あなたの話が聞きたいの
もじもじ
聞いてくれる？

まずは聞き役に徹しましょう

会話をするとき、まずは聞き役にまわりましょう。そして話に耳を傾け、相手の心情に寄り添うようあいづちを打ちます。自分の話をするときは、できるだけ手短に。相手が興味をもってくれたら、しぜんと質問してくれるはず。

あいづち一覧

- うなずく ➡ あなたの話を聞いているというメッセージ
- 「そうそう」「たしかに！」「私も」「わかる！」➡ 共感
- 相手の言葉をくり返す、途中で感想をはさむ ➡ 関心を示す

 3人以上で会話するときも、なるべく全員が話す機会をもてるように気をくばる。

知らないことは素直にうち明ける

↓ 素直な態度が、自分も相手も心地よい

気分はいつだって一年生

聞かぬは一生の恥

つい知ったかぶりをしてしまうのは、「認められたい」「好かれたい」という気もちが根底にあるから。でも、その場しのぎがばれると、かえって信頼を失う場合も。素直に「知らない」とうち明け、教えてもらうほうが好印象です。

目上の人には「不勉強で申し訳ありませんが～」「不案内で～」などのひと言を加える。

おかげさまの気もちを心の中心に置いておく

↓

自分だけでは何もできないことを知っておく

おかげさまの心が謙虚さをつくる

日々の暮らしや仕事は、自分の力だけでは成り立ちません。

ラッキーなことがあったとき、プロジェクトに成功したときなど、物事がうまくいっているときほど、「あなたのおかげ」という気もちを忘れないようにしましょう。

おかげさまを伝えるフレーズ

- おかげさまで○○がうまくいきました。
- ○○さんのお力添えがあったから〜
- ○○さんのご尽力のおかげで〜

ビジネスの場でも、感謝の気もちは年齢や社歴にかかわらずストレートに伝えたい。

白熱する場面でこそ謙虚になる

↓

大切だとわかっていても、ついつい見失いがちになる

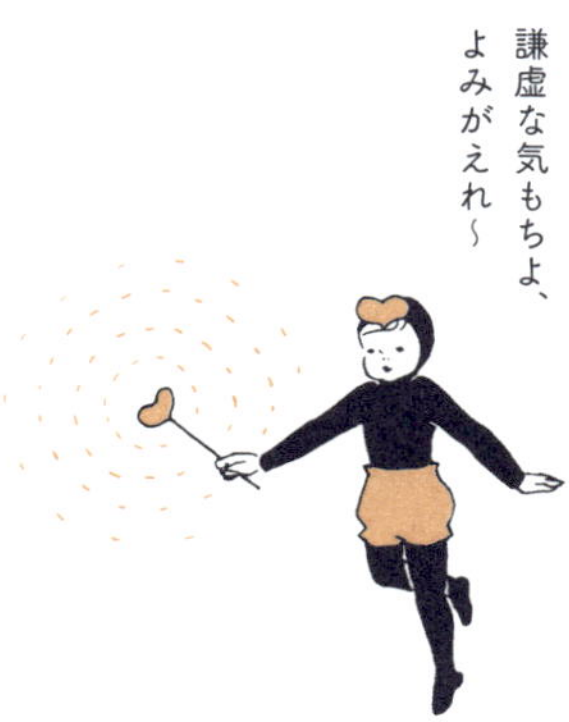
謙虚な気もちよ、
よみがえれ〜

謙虚さが解決への近道

議論が白熱すると、相手を負かそうという気もちが勝って、
つい謙虚な姿勢を忘れてしまいがち。そんな場面でこそ相手を敬い、謙虚な態度で
相手の話を聞きましょう。頑固な相手も案外するりと折れてくれるものです。

白熱
……
まずは、おかっぱさんの意見を聞かせてもらえますか?
はッ…

興奮したときに思い出したいことわざ

●負けるが勝ち
場合によっては、争わずに相手に勝ちを譲るほうが、自分にとって有利な結果になり、自分の勝ちにつながること

●沈黙は金、雄弁は銀
何も語らず黙っていることは、すぐれた弁論よりも大切であること

●言わぬが花
物事は露骨に言ってしまうと興ざめするものであり、黙っているほうがかえって趣があったり、値打ちがあったりするものだというたとえ

●口は禍《わざわい》のもと
不用意な発言は自分自身に災いを招く結果になるから、言葉は充分に慎むべきだという戒め

謙虚になるためには、自分の足りない点、至らない点を日頃から分析して自覚しておくことも大切。

成功より失敗を話す

親しみやすい印象になる

このあいだこんな
失敗をしちゃい
まして…

成功談はどうしても自慢話になってしまいがち。会話が途切れたときや、まわりの雰囲気を和ませたいときは、失敗談を笑顔で明るく話しましょう。「この人、こんな一面もあるんだな」と親しみやすい印象を残せます。

成功談を話すなら

「手前味噌ですが」
「たまたまなのですが」
などひと言断りを入れる。

見返りを求めない

見返りが垣間見えたとたんに興ざめする

スマイルと
気くばりは
0円です

あ…ありが…
お礼はいりません

気くばりは相手を想う気もちで行うもの。「相手にしてあげたから、自分もされたい」と見返りを求めたとたんに、それは気くばりではなくなります。もちろん「このあいだ、やってあげたよね？」という恩着せがましい態度もNGです。

譲り合い過ぎないことが大切なシーンもある

「○○過ぎない」のも気くばり

いえいえ
どうぞどうぞ

ありがとうございます!

譲り合い過ぎると、不快感を招く場合も。相手の好意にありがたく甘える、はっきり意見を言うことが求められる場面では遠慮せずに発言するといった、その場の空気に合わせた対応も大切です。

気くばりのアピールはしない

↓

過剰な気くばりは相手の負担になる

気くばりが前面に出すぎると、嫌味にとられたり、逆に相手に気を遣わせてしまったりすることも。気づかれない気くばりが、本物の気くばりです。自分が負担に感じる過剰な気くばりは、相手もプレッシャーに思うはず。自然体でできることにしぼりましょう。

謙虚なふるまい

脚を組まない

脚を組むクセがある人は多いが、初対面の人と会うときは避けて。偉そうな態度に見えてしまう。

腕を組まない

腕を組んだままの会話は、話を聞いているつもりでも、相手を拒否する印象になる。

キーボードは静かに打つ

強く打つと、結構音が響くパソコンのキーボード。まわりの集中力の妨げになるので要注意。イヤホンをしながらの作業はとくに気をつけて。

肩書きに頼らない

尋ねられてもいないのに「役員の○○さんと友人だ」「親戚に大企業の社長がいる」など、地位の高い人とのつながりをにおわせる発言はしない。

・MEMO・

9章

ポジティブになる気くばり

ポジティブなあいづちのレパートリーを増やす

↓

相手がもっとしゃべりたくなる

おしゃべりになぁ〜れ

うんうん

「この人は話をわかってくれているんだ」と安心させるあいづちを打つことで、相手に気もちよく話してもらえます。相手や場の雰囲気に応じて使えるように、日頃からあいづちのバリエーションを増やしておきましょう。

あいづちのあれこれ

「さすが」「すてき」など さ行でほめるあいづち

「さすが」「知らなかった」「すてき」「すごい」「センスあるね」「そのとおり」……などがある。あいづちに迷ったら「さ行」を思い出して。

「そうそう！」など 肯定的なあいづち

✕なるほど ➡ 〇そうですね！
（「なるほど」は相手を評価しているニュアンスがある）

✕うそでしょ！ ➡ 〇本当に!?
（「うそ」は相手を否定するニュアンスがある）

「わかります」など 共感を示すあいづち

話を聞いてくれて、なおかつ共感されると人はうれしいもの。「本当ですよね」「それは大変ですね」「わかるわかる！」などのあいづちは相手を安心させる。

ゆっくりうなずく

適当なフレーズが思い浮かばないときは、うなずきも立派なあいづちになる。会話のリズムに合わせて、ゆっくりうなずくと相手も話しやすい。

人に言われてうれしかった言葉をメモしておく

他人からの言葉にヒントがある

人から言われてうれしかった言葉をメモしておき、ときどき見返しましょう。自分が言われてうれしかった言葉は、ほかの人もきっとうれしいはず。同じような場面があったときに、第三者にも伝えて幸せな気もちを循環させられるとよいですね。

「嫌い」の代わりに「得意ではない」と言って

↓

ネガティブな表現がマイルドになる

否定ニュアンス
うすめまーす

コーヒーでもいかがですか?
すみません コーヒーは得意じゃなくて…

「嫌い」という表現は強い言葉で、本人はそのつもりがなくても拒絶した印象が残ります。「嫌い」なものを「好き」と言うのはむずかしくても、「得意でない」や「そんなに好きじゃない」「どちらかというと苦手」などと言うほうが、ニュートラルな印象です。

ポジティブワードは ポロッとつぶやくように

↓

うれしい気もちがあふれる感じに伝わる

あえてポロッとが心に響く

ポジティブな言葉はできるだけたくさん口にしたいもの。面と向かって連発してもよいですが、トイレに立つときや休憩時間、移動するタイミングなど、会話のちょっとしたすきにポロッとつぶやくと、より印象的になります。

ポロッとつぶやきたいポジティブワード

- 「お会いできてうれしいな〜」
- 「このメンバー、本当に楽しい!」
- 「このお店大好き!」
- 「○○さんの話はわくわくする」
- 「今日は本当に幸せだ〜」
- 「みんなで食べるとおいしいなぁ」
- 「めちゃくちゃ勉強になる!」

面と向かって言うのが照れくさい言葉も、つぶやきなら言いやすい。

やりとりの最後は前向きな言葉で締める

↓

ポジティブな余韻を残せる

そのひと言でホッとするの

明るく締めて前向きムードに

メールやSNSメッセージ、電話などのやりとりの最後には、
「楽しみにしています」といった、前向きな言葉を添えましょう。締めの言葉として
よく使われる「よろしくお願いします」よりも、明るい印象になります。

前向きな締めの言葉

お返事を心待ちにしています。

おだやかな週末をお過ごしください。

充実した連休になりますように。

お話できてうれしかったです！

お会いできるのを楽しみにしています。

堅苦しくない間柄の人との会話は、ルールにとらわれすぎず、自分らしい言葉を使うように意識する。

夢を語る

夢は私的なテーマ。語ることで距離が縮まる

夢や目標は、話題そのものがポジティブ。プライベートな関係なら個人的な夢を、ビジネスの相手には仕事の夢を語ってみましょう。未来の話をすると、前向きな空気が広がります。

話すときはワントーン明るい声で

↓

声が低いだけで、不要な誤解を招くことも

声が低いと「この人、不機嫌？」と勘違いされることも。明るいトーンの声は「元気」「楽しそう」というポジティブな印象を与えます。いつもより少し高めの声を意識してみましょう。とくに表情の見えない電話口では、明るい声を心がけて。

結果がダメでも過程をほめる

↓

ダメ出しだけでは意味がない

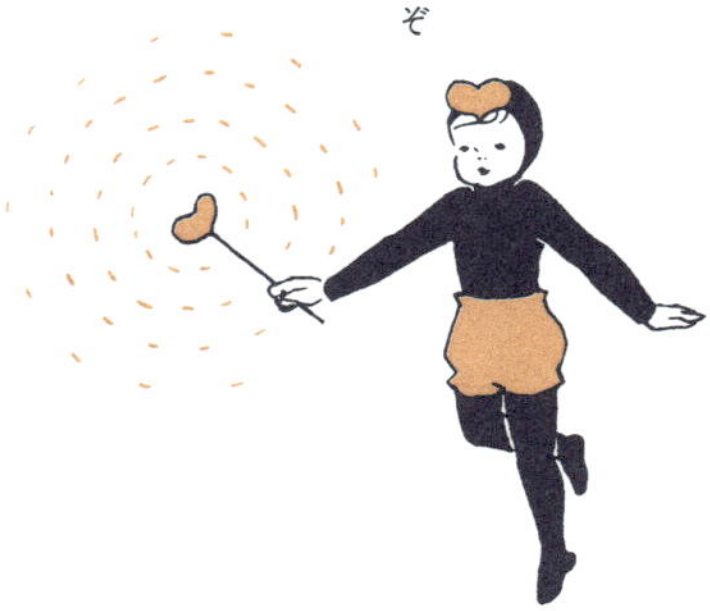
よく効く
ほめ薬をどーぞ

失敗をプラスに導くほめかた

誰かが失敗したときは、すぐにダメ出しをせず、まずはそこに至る過程や努力をたたえる言葉をかけて。相手のプライドを守りつつ、次の失敗を防ぐためにどうすべきかを一緒に考えられるとよいですね。

ダメ出しするときは

- けしてよくない結果でも、まずは「おしい！」と言う
- 「いい線いってますね」と次への期待につなげる
- 「次からはこうしてみたら？」と新しいアイデアを提案する
- 「原因を一緒に考えよう」と仲間意識があることを伝える

 部下などの失敗に向き合った後は、まったく違う話をふる。

気もちをチェンジするマイルールを決めておく

↓

素早くリカバリーして周囲に気を遣わせない

気分よ、変われ〜！

えーと『マイルール集〜落ち込んだとき編』によると…

ブルーな気分が長引くと、周囲にも気を遣わせます。落ち込んだときはこれ！　というマイルールを決めて、気分の切り替えをしましょう。気分転換が上手な人は、精神的にも安定して見られます。

気もちを切り替えるアイデア

映画やドラマに集中する

映画などのエンターテインメントは、手っ取り早く現実離れできる。集中して鑑賞した後は、悩みも違った角度で見えるようになるかも。

心地よいものに触れる

その場をいったん離れて、おだやかな空を見たり、心地よい音楽を聴いたりする。マッサージやエステを受けるのもおすすめ。

とにかく眠る

「食べる」「飲む」「買う」はほどほどに

睡眠は体力回復だけではなく、ストレス解消にも役立つ。

無理に気分転換をしない

徹底的に落ち込んだほうが、立ち直りが早いタイプの人はこれを。

SNSで気兼ねなく相談できるグループをつくっておく

↓

相談できる場があると思うだけで気が楽

頻繁に集まらなくても、SNS上に気兼ねなく話せるグループがあると心強いもの。仕事やプライベートの悩みを相談したり、うち明けたりできる場があるだけで、気が楽になります。ちょっとしたグチを吐き出せる場所を大切にしましょう。

「30分だけ」と落ち込む時間を決める

↓ だらだら悩まない！

ショックな出来事や仕事のミスなどで、落ち込んでしまう日は誰にでもあるもの。「30分だけ」「今日の昼まで」とタイムリミットを決めておくと、気もちを切り替えやすくなります。そしてネガティブなことに向き合った自分をほめてあげてくださいね。

励ましを必要とする人を忘れない

↓

本物の励ましに〝終わり〟はない

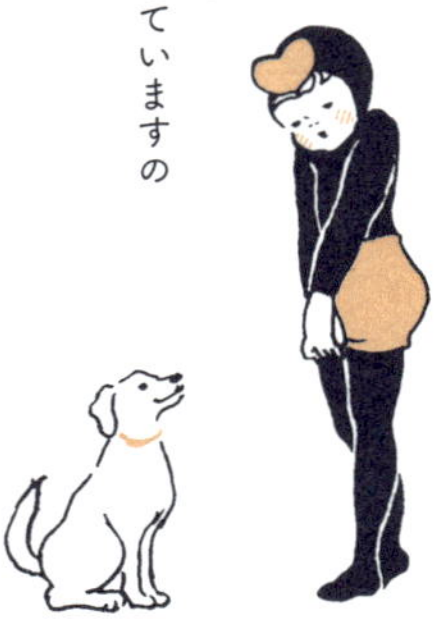
ずっと
気にしていますの

瞬間だけでなく継続的に励ます

つらいときはもちろん、時間が経っても離れていても「心は常にそばにいる」
「力になりたい」というメッセージを送り続けましょう。
その際、返事の催促は禁物です。相手のリズムに任せてくださいね。

こんな人に

- 身内を亡くした人
- 家族が闘病中の人
- 交通事故に遭った人
- 病気で休職中の人
- 入院中の人

 身内が亡くなった方には、お盆に花や手紙を送るのもおすすめ。

おかっぱ良子さんの　ポジティブの種

空を見上げる

気分が落ちこむとふさぎ込んだ姿勢になったり、下ばかり見て歩くようになったりしてしまう。意識的に空や天井を見上げて、悪い姿勢を正して。

大声を出す

体の中からモヤモヤを吐き出すイメージで大きな声を出してみる。大泣きするのもよい。

運動をする

ランニングやヨガ、ストレッチなどで体をほぐす。運動不足はネガティブに陥りやすい状態を招く。

瞑想する

あぐらをかいて目をつぶり、何もせず呼吸だけに意識を集中させる。いやなことに支配されていた心に休息を。

・MEMO・

10章

おもてなしの気くばり

お客さまを気もちよく迎えるおもてなし空間をつくる

ちょっとした準備が「来てよかった!」につながる

おもてなし前15分でささっと!

家庭でもオフィスでも、人を招き入れる空間では「清潔感」と「整頓されているか」が居心地を左右します。来客前に必ずチェックするポイントを決めておきましょう。

ここは必ずチェックして

においチェック

換気をして室内の空気を入れ替える。アロマを焚くのもグッド。においがつきやすい布製品には消臭スプレーを。

水まわりを清潔にする

トイレや洗面所などの水まわりはとくに念入りに。洗濯済みの手拭きタオルに取り替えて、髪の毛が落ちていないかもチェック。

エントランスや玄関をそうじする

玄関はおもてなしの第一印象を決める大事なところ。泥やほこりがたまっていないかチェックする。スリッパも準備しておくと◎。

テーブルを拭く

拭いたつもりでも汚れが残っていたりするのよ

来客の直前にもう一度きれいに水拭きを。

道案内もおもてなし

↓

目的地に到着する前から、おもてなしは始まっている

初めて訪問する人にね

ただの道案内で済まさない

事前の道案内は、住所や地図に加えて、荷物が多いことを想定して
駅のエレベーターの有無や、天候に応じた情報など、
相手を思い浮かべながら思いやりのある内容にしましょう。

晴れていれば
川沿いが
おすすめです

雨の日は
地下通路が
便利です

うれしい道案内あれこれ

- 最寄駅の出口
- 近道　● 目印
- 有名な飲食店
- 迷ったときの連絡先

「潮風を感じます」「ラーメンの香りが漂います」といった道歩きが楽しくなる情報を加えても。

暑さ・寒さに気をくばる

↓ 温度は居心地を左右する大切な要素

温度は率先して調整を

暑さ寒さの感じ方は人それぞれ。とくに男性や欧米人は暑がりの人が、女性は寒がり、冷え性の人が多いですね。こまめに温度設定を見直しましょう。尋ねても遠慮されがちなので、顔色を見ながらリードすると相手も気が楽です。

エアコンの効き目が弱いとき

- サーキュレーターを使う
- フィルターのそうじをする
- 室外機をクリーニングする

様子を見てもわからないときは、「空調が合わなかったら遠慮なくおっしゃってください」のひと言を。

飲みものに気をくばる

必須アイテムだけに配慮の見せどころ

ドリンクセンスは
おあり？
TEA
ROOIBOS

ペットボトルのお茶でお客さまを迎えるのは何だか味気ないもの。急な来客でも慌てないように、日頃から来客用の飲みものとカップを準備しておきましょう。日もちするお茶請けもストックしておくとなお良し。

暑い日は まず冷たいお茶を出す

あたたかい飲みものは汗が引いてから。氷が苦手な人もいるので有無を確認して。常温のお水を好む人もいる。

コーヒーは 砂糖とミルクを 添える

聞くと 遠慮する人も 多いよ

どちらかを切らしているときは、日本茶に切り替えるなどの対応を。

冷めていないか 注意する

滞在時間が長くなりそうなときは、途中で熱いお茶を入れなおす。

ノンカフェインの 飲みものも用意しておく

緑茶や紅茶にも カフェインが入っているわ

カフェインが苦手な人や妊娠中の女性には、麦茶や黒豆茶、そば茶などを。

空間に季節感を取り入れる

↓

余裕が感じられて、ていねいな印象になる

季節の彩りを室内に

玄関など目につきやすい空間に、季節の行事を感じさせるアイテムや季節感のある生花を飾ると、生活がていねいな印象に。「あなたをお待ちしていました」という雰囲気も漂います。お客さまとの会話が広がるきっかけにも。

季節感を取り入れたい場所

- 玄関
- オフィスの応接室
- 家庭のリビング
- トイレ

暗くなりがちなトイレにも、観葉植物などのグリーンを置くと明るい印象に。

傘立てには折りたたみ傘用にS字フックをつけておく

↓

気分が落ち込む雨の日も、気くばりひとつでハッピーになる

置き場所に困る折りたたみ傘は、S字フックをかけておくと、すぐにかけられて便利。なければ、ビニール袋をお渡ししても。

雨の日の気くばり

渡せるビニール傘を常備しておく

突然の雨のときに。ビニール傘なら相手の負担になりにくい。

入り口にタオルを用意しておく

雨の日は気くばりの見せどころがいっぱいね

濡れたカバンや服を拭いてもらうために。キッチンペーパーも気軽で便利。

履きものの汚れをさっと拭く

目立つ泥汚れなどがあれば、気づかれない程度にさっと拭いておく。

持ちものが濡れないようにビニール袋を渡す

書類の入った封筒など持ちものが濡れないよう覆うために。必要か尋ねてから渡す。

ひざかけを置いておく

↓ スカートの女性はとくにうれしい

足元が冷えるオフィスや、底冷えのする木造家屋などでは、ひざかけが１枚あるだけで体感温度が上がります。椅子の背もたれにかけておくなど、来客前に準備しましょう。夏の冷房対策にも便利です。

夏はコットンやタオル生地のさわやかなタイプ、冬はウールで保温性の高いタイプだとうれしい。

帰りぎわに ちょっとしたおみやげ を渡す

↓

「来てよかった！」の気もちがもっとふくらむ

その気もちが
うれしいの

ごちそうさま〜
来てくれて ありがとー

「来てくれてありがとう」の気もちを込めて、ちょっとしたお菓子などの小さなおみやげを渡しましょう。お子さんがいる人には「○○ちゃんに」などと子ども用のお菓子を渡しても。帰りぎわにさりげなく渡すとスマートです。

 きちんとラッピングされた箱入り菓子などは避け、小袋入りなどで“おすそわけ感”を出すのがコツ。

おもてなしをし過ぎない

↓

過剰なもてなしは、かえって相手に気を遣わせる

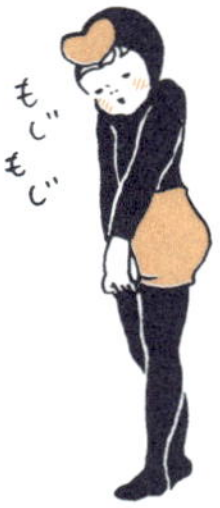

そんなにもてなされると
窮屈ですの〜

セルフサービスだと相手も気が楽

気心の知れた間柄の場合、おもてなしをし過ぎてもお互い窮屈に。
食事の取り分けはせずセルフサービスにしたり、片づけも適度に
手伝ってもらったりするなど、自宅にいるように過ごしてもらいましょう。

 食事はすべて手づくりだとお互いに負担になるので、適度に市販のものも混ぜる。

おもてなしの"心"が伝わる お店選びのコツ

好き嫌い、アレルギーがないか確認する

参加メンバーに事前に確認する。とくにエスニック料理は好き嫌いが分かれるので注意。そばや小麦粉、甲殻類などアレルギーをかかえる人も多い。外国の人の場合は、宗教上食べられない食材もあるので確認しておく。

忘年会、歓迎会、送別会の場合

多少騒いでもよい店。個室だとなおよし。人数が多い場合はコース料理や飲み放題プランにしておくと会計が楽。

子ども同伴の場合

お子さまメニューが用意されているなど、子ども慣れしているお店がよい。できれば個室に。ベビーカーの有無によっては、エレベーターが完備されているかもチェックする。

年配の方と行く場合

ゆったりして静かなお店をチョイス。階段の有無や車いすが通れるかも要確認。脚を悪くされている方も多いので、座敷の場合は掘りごたつのある店に。

• MEMO •

11章

装いの気くばり

アクセサリーをひとつ身につけてみる

↓相手に対する身だしなみでもある

女っぷりを
増量願いま〜す

アクセサリーの魅力

アクセサリーには、顔の印象を明るくしたり、女性らしく見せたりといった効果があり、相手との約束に手を抜いていない証拠にもなります。

アクセサリー慣れしていない人は、シンプルなものから取り入れてみましょう。

バランスが大切！

- 大きめのピアスのとき ➡ ネックレスを控えめに
- 個性的なデザイン ➡ 1点だけにしぼる
- 個数が多いとき ➡ 色に統一感を出す

 指輪は、人や備品を傷つけてしまいそうなデザインは避けて。

その日会う人から もらった贈りものを 身につける

↓

「使うこと」「身につけること」が最大の恩返し

使ってもらえると
うれしいの

使うことで感謝を伝える

服飾品や小物を贈ってくれた人と会う日は「ありがたく使っています」という感謝を込めて、いただいたものを使ったり身につけたりするとよろこばれます。相手も「本当に気に入ってくれたんだ」「一生懸命選んだかいがあった」と感じるでしょう。

わあ！かわいい！
ありがとうございます！

後日
おまたせしました！
あら！
使ってくれてるのね

 ビジネスの商談では、先方の商品を身につけたり、テーマカラーを取り入れたりしても。

宴会には長め丈のスカートかパンツスタイルで

↓

まわりも自分も、心からお酒を楽しめる

ミニスカートはご遠慮願います

ハラハラさせない装いを

宴会、とくにお座敷では、まわりの人に余計な心配をされないように
（自分もしないように）パンツスタイルか、座ったときに
ひざが隠れる長め丈のスカートを選びましょう。

⚠ ここも注意！

- 股浅のパンツ＋丈短めのトップス ➡ 背中から下着が見えてしまうことも
- 白系の服 ➡ 酔っ払って、気づかぬうちに汚れてしまうかも
- ソックスやストッキング ➡ 穴があいていないか、伝線していないか気をつける

 スカートはふんわりした素材のタイプも座りやすいのでおすすめ。

ヘアスタイルは予定に合わせて決める

気くばりの数だけヘアアレンジがある

出かける前に、その日の予定に合うヘアスタイルかどうか、鏡の前で客観的にチェックしましょう。自慢のロングヘアも、場面によっては束ねる気遣いが必要なこともあります。

ヘアスタイルの気くばり

食事会のときはロングヘアをまとめ髪にする

食事中に髪をかきあげる仕草は避けたい。おいしい料理に集中できるヘアスタイルに。

映画館やライブに行く日は盛りヘアにしない

後ろの席の人が見づらくなるからね～

エステに行くときはほどきやすい髪型に

手早く準備できて、さっと始めてもらえるように。

風が強い日はまとめ髪にする

髪の乱れは指摘しにくい。ボサボサになり過ぎないのも周囲への気くばり。

靴をぬいで上がる日は着脱しやすい靴に

↓

訪問時の第一歩からスマートに

玄関先でもたつかないためにね

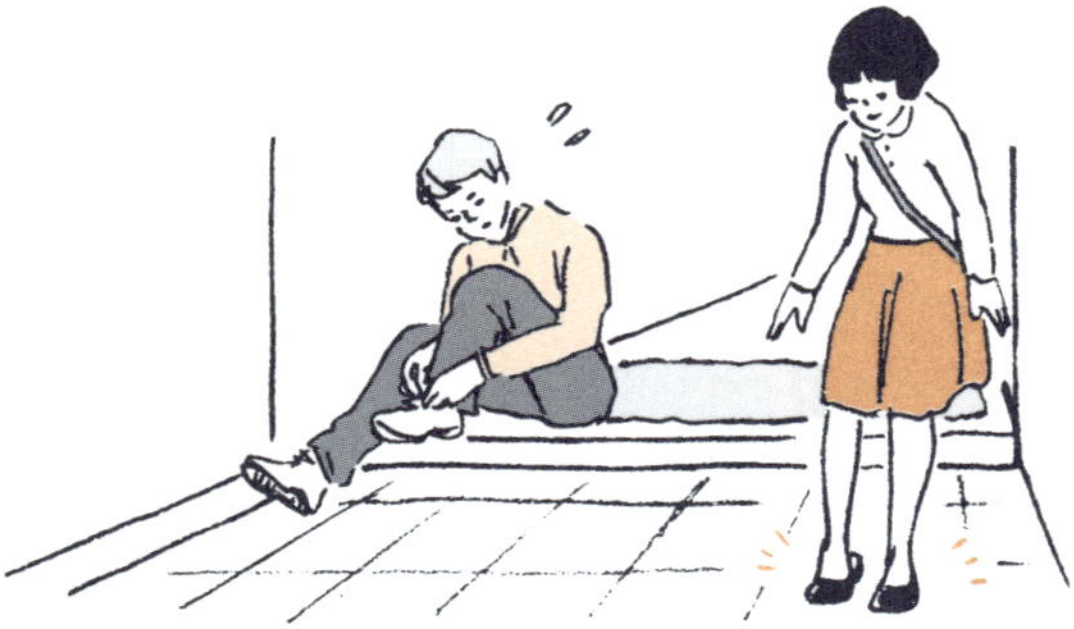

お座敷での食事会や友人宅での集まりなど、靴をぬぐ可能性がある日はブーツや紐靴などを避け、着脱しやすい靴を選びましょう。とくに複数人で訪問する場合、自分だけもたつくと周囲のリズムを崩すので注意。

訪問先には素足で上がらない

素足でペタペタ歩かれるのを嫌がる人もいる

素足でお宅にお邪魔するのは避けましょう。絶対NGではありませんが、人によっては不快に感じることも。意外と汗をかきやすい足裏、フローリングに足あとがべったり……なんてこともあるので、靴下を持参するのもよいですね。

 うっかり素足の日にお宅に上がることになった場合は、「素足ですみません」のひと言を。

主役のいる集まりには控えめの装いで

↓

引き立てられるかどうかで装いを決める

小さなパーツで個性を発揮

誕生日やお祝いの会などでは、主役より目立たないよう控えめの装いに。ただ、地味過ぎるとその場が暗くなるので、シンプルなワンピースにアクセサリーを合わせたり、バッグはビビッドな色味を取り入れたりして、部分的に個性を出すとよいですね。

服装はシンプルにして……

- ネイルをカラフルにしてみる
- ヘアスタイルに凝ってみる
- アクセサリーをひとつ増やしてみる
- ヒールの高い靴にしてみる
- バッグで色を足してみる
- いつもより少しだけ肌を露出してみる
- 柄入りのストッキングをはいてみる

おかっぱ良子さんの 装いメモ

☑ ストールやカーディガンを常備

映画館や電車の中など、肌寒いときにサラリとはおれるように。寒そうにする様子は、相手も気を遣う。

☑ 差し上げられるハンカチを持っておく

相手が衣服を汚してしまったときや、涙が止まらないときなどに、返却不要のハンカチを渡せるとスマート。

☑ 爪先まで手入れを

手元は意外と視線が集まるところ。爪まで清潔にしておこう。切りそろえる、ごみを取り除くなどして清潔感があれば、ネイルをしなくても大丈夫。

☑ においをセルフマネジメントする

口臭や体臭など、においに関して他人はツッコミを入れにくいもの。自分の体を点検するクセをつけて。マウスウオッシュや制汗スプレー、ボディパウダーなどを携帯しても。

MEMO

12章

お金の気くばり

お金を渡すときはポチ袋に入れる

お金の扱いに人柄が表れる

ポチポチ
いきましょ

ちょっとしたお金を渡すときに、ポチ袋を使うとていねいな印象。おしゃれなデザインもたくさん市販されているので、お年玉を渡す以外にも活用しましょう。

ポチ袋活用術

会費などを入れて渡す

ランチ会の会費、割り勘で購入したお花代など、事前に金額がわかっている場合に。借りたお金を返すときにも用いるとよい。

ちょっとした心付けを渡すときに

お車代や電話代など、ちょっとした心付けに。500円玉がぴったり収まる小ぶりのポチ袋もおすすめ。

ポチ袋に大金は入れない

お札の枚数が多いときや、高額（一般的に1万円以上）のとき、正式なお祝いなどは祝儀袋に入れる。

ポチ袋がないときは、即席で作ってみる

ポチ袋は、折り紙や和紙、包装紙を使って手作りもできる。ちょっと不格好でもご愛嬌。作り方はP.222〜を参照。

どうしてもポチ袋を用意できないときは、「裸で失礼しますが……」とひと言添える。

借りたお金はすぐに返す

↓

金銭に誠実な人は、信頼度も高まる

返す姿勢を曲げない

お金はなるべく貸し借りしないのが原則。食事代などの持ち合わせが足りずにやむを得ず借りたときは、できるだけ早めに返しましょう。少額の場合は相手もあげた気でいることも多いので、次回会ったときに飲みもの代を払ってもよいですね。

確実なお金の返しかた

- ATMが見つかればその場で返す
- 次に会う約束を具体的に決める
- 返すまでこまめに連絡をとり続ける
- いつでも返せるように、お金を入れたポチ袋を常に携帯する

 少額の小銭をすぐに返せないときは、次回、消費税分を多めに支払うなどで調整しても。

素直におごられましょう

↓ おごられることもマナーのひとつ

とくに先輩や上司が
相手のときにね！

甘えたらしっかりお礼

会計のときに「おごります」と言われたら、遠慮しつつも素直に甘えるほうが、相手の顔を立てる意味でもスマートです。いつまでも拒否すると逆に失礼になることも。おごってもらったら、メールと対面の両方でお礼を伝えることを忘れずに。

おごられたときの受けかた

- （お辞儀をしながら）「本当にごちそうさまでした」
- 「二次会は私が支払いますね」
- 「次回は私にごちそうさせてください」
- 後日、お礼状を出す

 おごってもらったお礼とともに、楽しい時間を過ごせたことの感謝も伝える。

飲み会の割り勘はお酒を飲まない人への配慮を忘れずに

↓

アルコールは結構割高。気づかいある計算で後味よく

わたくし下戸なんですぅ
ぼくも

「損した」と思わせない

お酒を飲む人と飲まない人がいる会では、同額で割り勘にすると不公平になります。
損をしたと思わせないように、金額に差をつけるとスマートですね。
正確な差がついていなくても、「配慮してくれた」という事実が好印象になります。

割り勘のコツ

- 低アルコールのカクテルや、ソフトドリンクが充実した飲み放題プランを選ぶ
- 食事代・お酒代を別会計にして割り勘にする
- 複雑な割り勘は計算アプリを活用する

 途中参加の人や、職場なら若手の人にも、支払い額に差をつける。

収入がわかる話題を出さない

お金の価値観は人それぞれ

収入の話題は、家庭内以外は基本的にタブーです。格差が明らかになると人間関係に亀裂が入りかねません。月給はもちろん、ボーナスや退職金の話題もデリケート。保険料や保育料からも推測できるので、詮索ととられそうな話題は出さない配慮を。

ママ同士の話題でも、夫の給料や貯金額などお金の話はタブー。

お金は両手で取り扱う

↓

ていねいで上品な人という印象が残る

そのしぐさが
あなたの気・も・ち

両手で取り扱いたいとき

- プレゼントを渡すとき
- 書類を渡すとき、受け取るとき
- コーヒーなどの飲みものを差し出すとき
- 何かを借りるとき

名刺を受け取るときと同様に、お金も両手で受け取ります。紙幣はもちろん、小銭もこぼれ落ちないように両手を差し出して。お金をていねいに扱う姿は、渡した人の目にも気もちよく映ります。

小銭が混ざって渡しにくいときは、お札と小銭を２回にわけて渡す。

支払いをスマートに済ませるために

お財布のなかにレシートをためない

レシートや領収証だらけのふくらんだ財布では、必要なものが埋もれてしまうし、見た目もイマイチ。お金の管理が甘い人だとも思われてしまう。

小銭を保管しておく

ちょっとした支払いやおつりをすぐに出せるように、オフィスのデスクや家庭の引き出しに100円玉や10円玉を何枚か残しておくと便利。

おつりが出ないように支払う

前もって金額がわかっている場合は、ぴったり準備しておく。飲み会に参加する際は1万円を5000円札と1000円札にくずしておくなど、幹事への配慮を。

ポイントカードを見直す

ポイントカードだらけで、肝心のカードがすぐに出せずにもたつく様子はスマートではないし、店員を待たせてしまう。必要なぶんだけに減らして、さっと出せるように準備しておく。

• MEMO •

13章

電話・メールの気くばり

着信表示を見たら相手の名前を言いながら出る

↓

第一声から距離を縮められる

着信表示をチェック

着信の相手がわかるときは「○○さん、こんにちは」と名前を添えて出てみましょう。先方も名乗ったり、「○○さんの携帯でしょうか？」と確認したりする手間が省けます。それに名前を呼ばれるとうれしいもの。実際には会っていなくても距離を縮められます。

こんな相手からの着信に

- 家族や親戚
- 友人
- 付き合いの長い仕事関係者
- これから仲を深めたい相手

カジュアルな印象になるので、目上の人や付き合いの浅い相手には不向き。

電話では声が表情になる

↓ 声にも美人・不美人がある。とくに電話では要注意

声で気もちを伝える

電話のときは、顔が見えていなくても声に表情が表れます。
相手に見えていなくても笑顔で応対すれば、声もおのずと明るい印象になり、
話す内容も前向きなものに。

電話美人のコツ

- リアクションは大きく ➡ 顔が見えないと、本当に聞いているのかわからない
- 地声より少し高めに ➡ 低いと暗い印象になる
- ながら電話はしない ➡ 気づかないと思っていても、集中していないことに相手は気づく

 姿勢も正して話すと、シャキッと芯の通った声に。

電話を切るときはひと呼吸おいてから

↓

ガチャ切りは、相手を遮断した後味を残す

終わりよければ◎！

用件が終わったら、切る前にひと呼吸。たとえ話した内容がよくても、
すぐにガチャッと切ると最後の最後で残念な印象に。携帯電話やスマートフォンは
実際「ガチャッ」と音はしませんが、扱いが荒い様子は伝わってしまいます。

電話の切りかた

- 忘れてほしくないことを、再度伝える
- 最後に締めの言葉を添える
  例：「お忙しいところありがとうございました」「夜分遅くに失礼しました」
  「よろしくお願いします」「それでは失礼します」
- 基本的には、電話をかけた人が先に切る
  互いに切るに切れなくなった場合は「どうぞ先にお切りください」と伝える

 玄関先で見送った後も、鍵をすぐにガチャッと閉めずにひと呼吸おいてから。

メールの冒頭で前回の話題にひと言触れる

メールでも温もりは出せる

先日はどうも～

前の〇〇の案件ではありがとうございました

仕事でもプライベートでも、関係が続いている相手へのメールは、急に用件を切り出すとドライな印象。前回の話題にひと言触れると「覚えてくれていたんだ」とあたたかみが増します。また当人たちしか知り得ない話題は、絆を深めます。

返信がほしいときは「お手すきの際に」は使わない

↓

急いでいるからといって、相手も急ぐとは限らない

お返事したくな～れ

ご返信
お待ちして
います！
すぐ
返事しよ！

角の立たないメールの催促

- 「ご多忙とは存じますが○月○日までにご返信いただけますか」
- 「お願いばかりで恐縮ですが、お返事お待ちしております」
- 「○○の件ですが、その後いかがでしょうか」
- 「せかすようで申し訳ありませんが」

返信が必要なメールでは、「ご返信をお待ちしています」「○月○日までにご連絡いただけますか」などと、返信が必要なことをはっきりと伝えます。「お手すきのときに」はよく使う言い回しですが、後回しにされてしまいがちなので避けて。

長期休暇はメールの署名に入れてお知らせ

↓

仕事が詰まると、休暇はなかなか言い出せない

お暇をいただきます
合点承知の助!

夏休みなど長期休暇の予定があるときは、ひと月程前から、署名欄の冒頭にお知らせを加えましょう。一緒に作業や仕事を進めている相手に、前もって心算してもらえますね。

※勝手ながら、〇月〇日～〇日は休暇のため不在にいたします
* *
増子商事
広報部　おかっぱ良子
tel 03-5775-××××
fax 03-5775-〇〇〇〇
web www.masco_masco.co.jp
* *

メールの気くばりあれこれ

前置きはなるべく簡潔に

挨拶や前置きがだらだら長いと、相手の読む気が失せるし、メールの要点がぼやけてしまう。さらっと本題に入るようにする。

複雑な内容は電話も併用

メールでわかりやすく整理したうえで、電話でも説明をする。理解が深まり、思い違いも防げる。

1行あたりの文字数は25～35字くらいの長さにする

あまりに横に長い文章は、読みづらいもの。適度に改行を加える。3～5行続いたら1行空けると、余白が生まれて圧迫感が薄まる。

箇条書きを使う

日時や待ち合わせ場所などの情報や、簡潔に伝えたい要点などは、箇条書きにすると整理されて読みやすい印象に。

ふろく

おかっぱ
良子さん
おすすめ！

気くばりイラスト集

手紙や一筆箋はもちろん、不在の際に残す電話メモや、家族への伝言メモにちょこっとイラストが添えてあるだけで心が和みます。ここではシンプルでかんたんに描けるミニイラストをご紹介。真似して描くもよし、アレンジを加えてもよし。ぜひ日常に取り入れてみてください。

ひとことイラスト

かわいい顔になるワンポイント

目鼻口の位置を丸の中心より下に配置するとしぜんとかわいい感じになる。

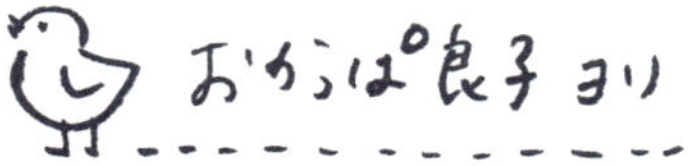

好きなものや趣味、氏名にちなんだモチーフにするのもおすすめ。

いろいろミニイラスト

メッセージの内容に合ったミニイラストを添えると楽しい雰囲気に。手帳に描き込むのも楽しい。

飲み会や食事会などのお礼に
女子会に
季節のモチーフ

顔イラスト

気分に合う表情イラストを添えても。メッセージに動きが出る。

STAMP

どうしてもイラストを描くのが苦手な人は、はんこを活用するのがおすすめ。かわいくて小さいはんこが文具店でたくさん販売されています。メッセージの最後に毎回同じはんこを押していると、しぜんと自分のキャラクターになりますよ。

ポチ袋実物大型紙

ふろく

お気に入りの便箋や包装紙、折り紙などを使って、
かんたんにポチ袋がつくれます。
このページをコピーして切り取った型紙をつくっておくと、
くり返し使えて便利です。

500円玉などの小銭を入れるのにぴったり

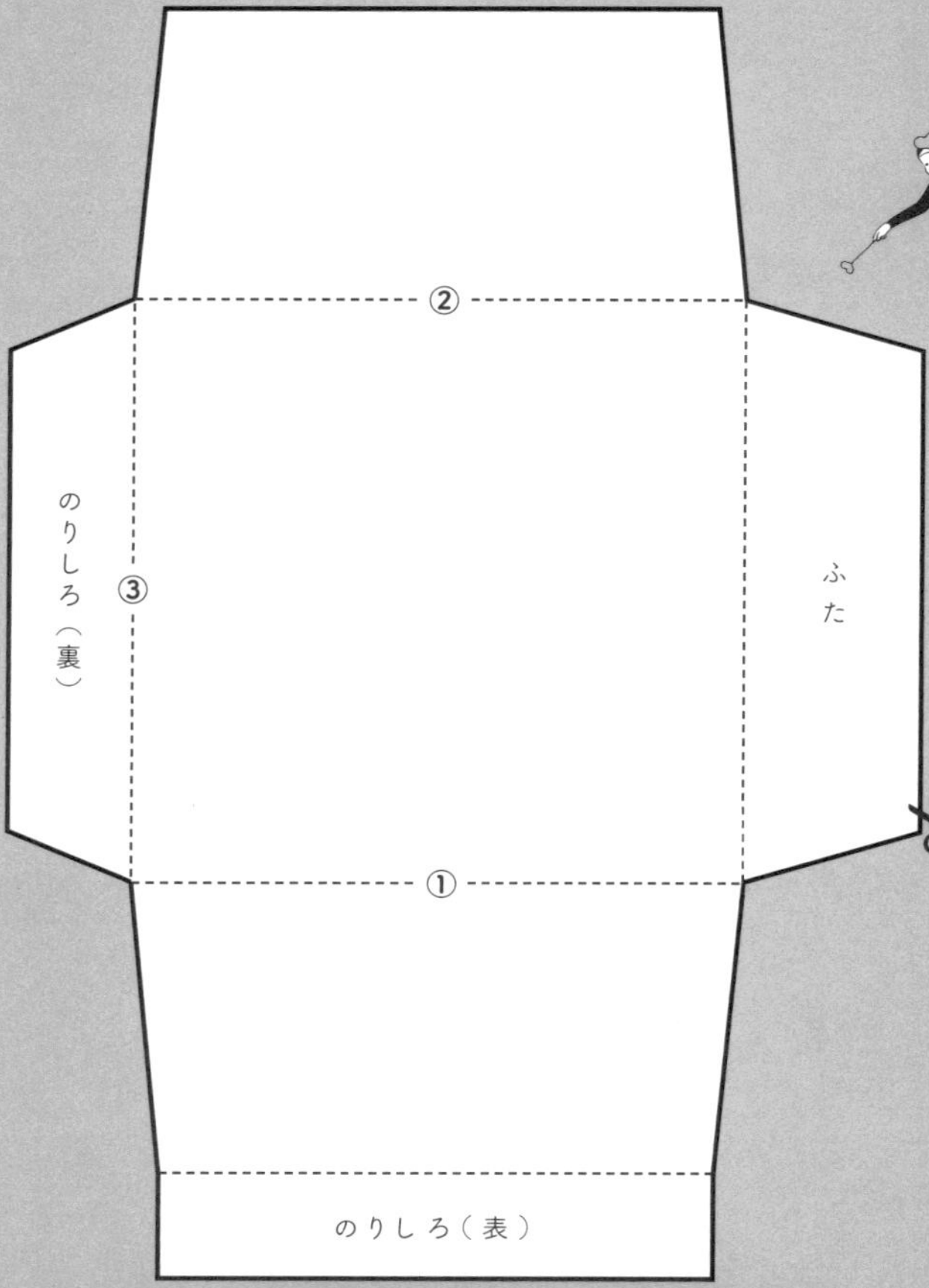

ミニ正方形のポチ袋型紙

数粒の
のど飴やチョコを
渡したいときも
使えるわね～

作りかた

1 型紙を実線で切り取る。
2 ポチ袋にしたい紙の上に型紙をのせ、えんぴつなどでりんかくをなぞり、カッター（またはハサミ）で切り取る。
3 点線を①～③の順に山折りして、のりしろをのりづけしたら完成！

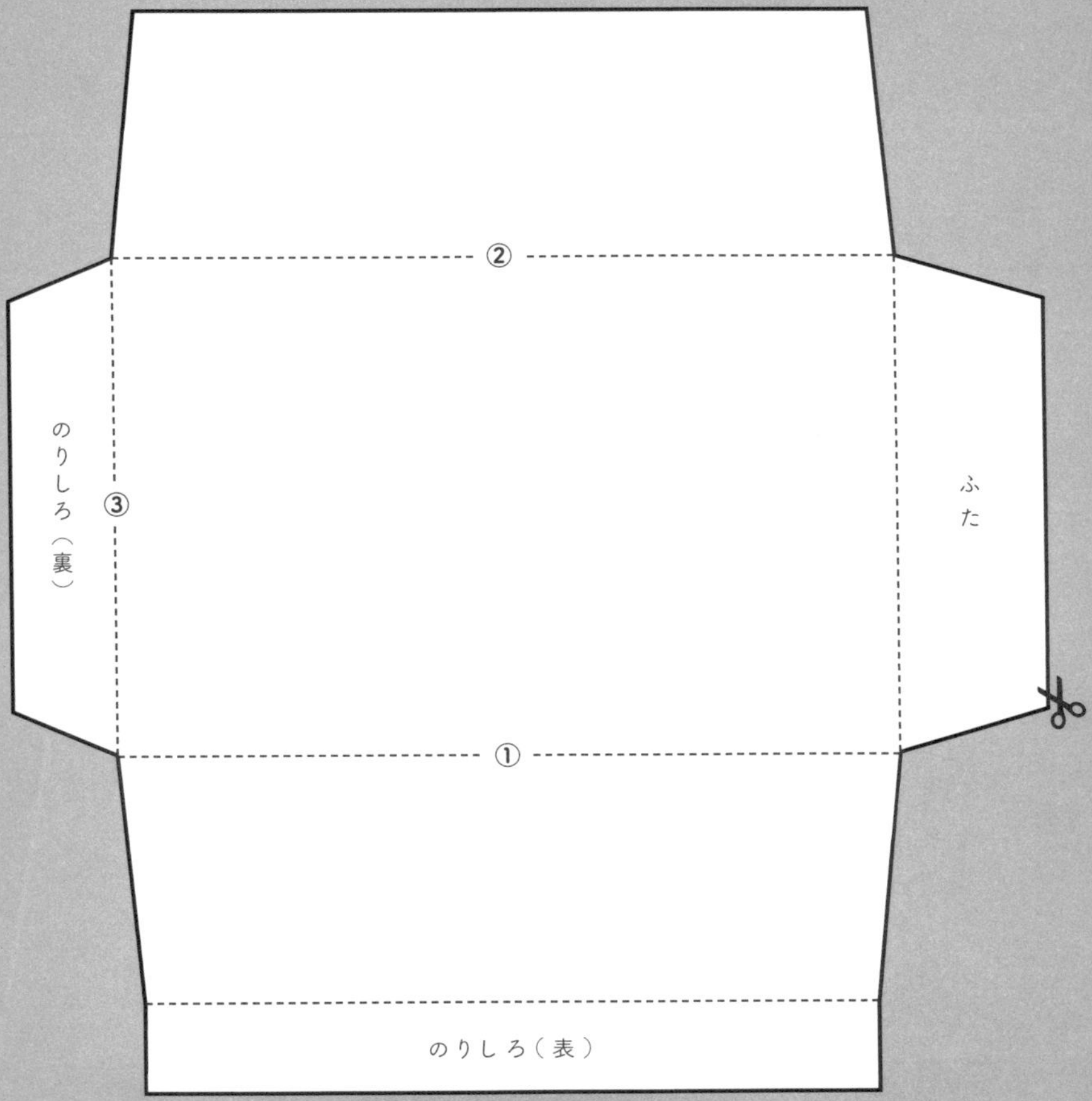

長方形のポチ袋型紙

編者
気くばり調査委員会
人間関係が豊かになるコミュニケーションについて考える団体で、誰でもできる小さな気くばりを日々研究している。本書では1000人にアンケートを実施し、気くばりの達人に徹底取材をしてまとめた。

相手もよろこぶ 私もうれしい
オトナ女子の気くばり帳

2017年4月23日 初版発行
2025年1月31日 第27刷発行
（累計17万部 ※電子書籍を含む）

編者	気くばり調査委員会
イラスト	ますこえり
デザイン	髙橋朱里、菅谷真理子（マルサンカク）
編集協力	友成響子、清塚あきこ
営業	津川美羽、吉田大典（サンクチュアリ出版）
編集	宮﨑桃子（サンクチュアリ出版）
発行者	鶴巻謙介
発行・発売	サンクチュアリ出版 〒113-0023 東京都文京区向丘2-14-9 TEL 03-5834-2507 FAX 03-5834-2508 URL https://www.sanctuarybooks.jp/ E-mail info@sanctuarybooks.jp
印刷	株式会社 光邦